BIG MERCI

À ANNE VIDAL, SANS QUI CE LIVRE N'AURAIT, SANS DOUTE, PAS EXISTÉ ET SANS QUI TOUTES MES JOURNÉES DE TRAVAIL SERAIENT PROBABLEMENT BEAUCOUP, BEAUCOUP, MOINS DRÔLES.

À MES PROCHES QUI SONT TOUJOURS LÀ POUR ME DONNER LEURS CONSEILS & POUR BOOSTER MON ENTHOUSIASME.
À MARGOT D'ÊTRE DANS MON MONDE.

À RAPHAELE & AUX ÉDITIONS ULMER, POUR LEUR CONFIANCE & LEUR SUIVI.

AUX PRODUCTEURS & AUX ARTISANS QUI ŒUVRENT TOUS LES JOURS À LA RÉALISATION DE PRODUITS DE QUALITÉ.

AU BROCOLI, JE T'AIME POUR LA VIE.

CLARA VUCHER

LA MIE PRODIGIEUSE

AU MENU

MISE EN BOUCHE

QUI SE SOUVIENT DU JAMBON-MAYONNAISE PRÉPARÉ AVANT DE PRENDRE LA ROUTE? ASSEMBLÉ DANS UN PAIN INDUSTRIEL AVANT D'ÊTRE BIEN CALÉ DANS LA GLACIÈRE AVEC QUELQUES ŒUFS DURS & UN YAOURT À BOIRE?

ON S'ARRÊTAIT ALORS SUR UNE AIRE D'AUTOROUTE POUR DÉBALLER CET ASSEMBLAGE GLOBALEMENT MOU, NI TRÈS ÉQUILIBRÉ NI RÉELLEMENT SATISFAISANT, MAIS QUI NOUS REDONNAIT VIGUEUR JUSQU'À L'ARRIVÉE À BON PORT. NI LA CRÉATIVITÉ, NI LES VÉGÉTAUX N'AVAIENT TROP LEUR PLACE DANS CE BREF REPAS D'ITINÉRANCE.

LA MIE PRODIGIEUSE EST LÀ POUR RENDRE SES LETTRES DE NOBLESSE À CETTE PRÉPARATION TROP SOUVENT MALTRAITÉE. POUR QUE LE SANDWICH DEVIENNE TOUT SIMPLEMENT CE QU'IL MÉRITE D'ÊTRE: UN REPAS COMPLET, AUSSI ÉQUILIBRÉ QUE SAVOUREUX. UN VRAI PLAT, À PART ENTIÈRE, QUE L'ON PREND PLAISIR À DÉGUSTER, QUE L'ON RESPECTE, COMPOSE & MANGE AVEC ATTENTION. TELLEMENT SATISFAISANT QU'ON NE LE LIMITE PLUS AUX FRONTIÈRES DU VOYAGE OU DU PIQUE-NIQUE MAIS QUE L'ON ENVISAGE POUR UNE PAUSE DÉJEUNER ROYALE, POUR UN DÎNER OU POUR UN SYMPATHIQUE REPAS ENTRE AMIS.

LE SANDWICH : UN PLAT COMPLET

IL N'EST PAS TRÈS DIFFICILE D'APPRENDRE À CUISINER DE DÉLICIEUSES RECETTES DANS L'IDÉE D'ASSEMBLER DES SANDWICHS AUSSI BONS QUE DES PLATS À L'ASSIETTE. SI UN SANDWICH COMPLET DEMANDE UNE CONSTRUCTION RÉFLÉCHIE (MAIS SIMPLE), UNE FOIS L'ÉQUATION MAGIQUE BIEN INTÉGRÉE, RIEN DE PLUS FACILE À PRÉPARER. IL SUFFIT DE TENIR COMPTE ET DE PRENDRE SOIN DES TROIS ÉLÉMENTS MAJEURS D'UN SANDWICH RÉUSSI :

LE PAIN NE CONSTITUE PAS QU'UN SIMPLE SUPPORT MAIS PLUTÔT UN INGRÉDIENT À PART ENTIÈRE. DIFFICILE DE FAIRE UN BON SANDWICH AVEC UN MAUVAIS PAIN. EN L'ACHETANT BIEN FRAIS (IDÉALEMENT AU LEVAIN, QUI FACILITE LA DIGESTION) & CHEZ UN VRAI BOULANGER, ON S'ASSURE DÉJÀ UNE BONNE PARTIE DU SANDWICH.

LA GARNITURE EST ÉVIDEMMENT L'ÉLÉMENT PRINCIPAL DU SANDWICH PAR SON RÔLE NOURRISSANT & GOÛTU. C'EST PAR ELLE, ET LE SOIN QUE L'ON Y MET, QUE SE FAIT LA DIFFÉRENCE ENTRE UN ENCAS & UN REPAS.

LA SAUCE EST UN ONCTUEUX MATELAS AYANT POUR FONCTION D'ACCUEILLIR LA GARNITURE À LAQUELLE ELLE S'ASSOCIE TOUT EN EN DÉCUPLANT LES SAVEURS. PESTO, HOUMOUS, MAYO, BEURRE, PURÉE DE LÉGUMES... ELLE APPORTE SOUPLESSE, GOURMANDISE & ONCTUOSITÉ.

SANDWICH ANATOMIE

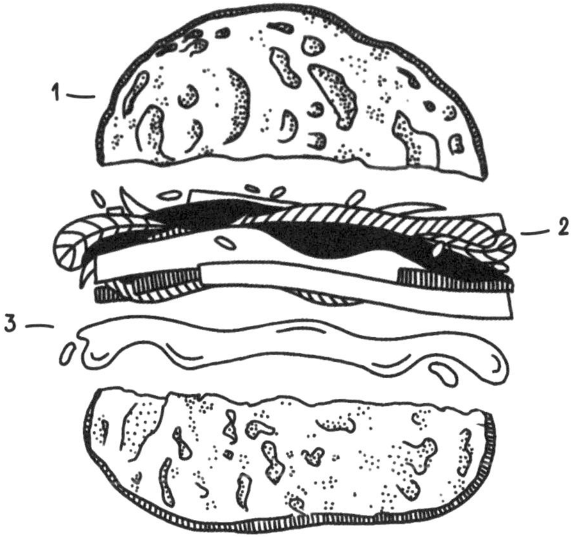

1: UN BON **PAIN** (1/2 BAGUETTE OU 2 TRANCHES)

2: UNE **GARNITURE** ÉQUILIBRÉE (À GÉNÉROSITÉ)

3: UNE **SAUCE** BIEN SAVOUREUSE (1 OU 2 C. À S.)

EN PLUS DE LA BATTERIE DE CUISSON DE BASE (POÊLE, CASSEROLE, PLANCHE À DÉCOUPER, PANIER VAPEUR…), CERTAINS ACCESSOIRES SONT D'UNE GRANDE AIDE DÈS QU'IL S'AGIT DE PRÉPARER DES SANDWICHS DÉLICIEUX.

❶ 1 MANDOLINE JAPONAISE POUR COUPER TRÈS FINEMENT DES LÉGUMES CRUS À MARINER.

❷ 1 RÂPE MICROPLANE POUR RÂPER DU FROMAGE OU DES ÉPICES, ZESTER DES AGRUMES & POUR ASSAISONNER AISÉMENT SES PRÉPARATIONS.

❸ 1 COUTEAU À PAIN & 1 COUTEAU DE 10-15 CM POUR COUPER SES INGRÉDIENTS EFFICACEMENT (& DONC SANS AUCUNE BLESSURE INUTILE).

❹ 1 PETIT ROBOT MIXEUR POUR RÉALISER TOUT TYPE DE SAUCE EN 2 TEMPS 3 MOUVEMENTS.

❺ 1 FOUET À MAIN (OU MÊME ÉLECTRIQUE) POUR MONTER SA MAYO MAISON EN 5 MIN CHRONO.

EN BONUS, UNE SPATULE & UNE PINCE SONT APPRÉCIABLES AU MOMENT DE L'ASSEMBLAGE (À REMPLACER PAR 1 CUILLÈRE & SES MAINS).

QUELQUES ACCESSOIRES UTILES POUR DES SANDWICHS DE RÊVE

CONSEILS POUR DES SUPERS DWICHS

NE PAS CHERCHER À EN METTRE TROP

QUAND ON PRÉPARE UN SANDWICH, IL EST IMPORTANT DE CRÉER SA GARNITURE EN NE CHOISISSANT PAS PLUS DE 5 ÉLÉMENTS DIFFÉRENTS : UNE SAUCE, DEUX LÉGUMES, UNE PROTÉINE & UN PETIT INGRÉDIENT BONUS SUFFISENT AMPLEMENT POUR ASSEMBLER DE TRÈS BONS SANDWICHS. DISONS QU'ENTRE 3 ET 5 ÉLÉMENTS, C'EST PARFAIT. POUR FINIR, LE SANDWICH DOIT ÊTRE BIEN GARNI SANS TROP DÉBORDER AFIN DE RESTER PRATIQUE À MANGER.

CHOISIR DES INGRÉDIENTS DE QUALITÉ

DE BEAUX PRODUITS DE PLEINE SAISON & DE QUALITÉ ARTISANALE PERMETTENT DE N'AVOIR PAS À FAIRE PLUS D'EFFORTS QUE NÉCESSAIRE. POUR ASSAISONNER SANS RISQUE LES PRÉPARATIONS VÉGÉTALES, UN FILET D'UNE BONNE HUILE D'OLIVE & UNE BELLE PINCÉE DE FLEUR DE SEL CONSTITUENT DÉJÀ UNE SOLUTION SATISFAISANTE.

JOUER AVEC LES CONDIMENTS

ILS PERMETTENT UN SUPPLÉMENT DE TEXTURES (NOIX, GRAINES, FRUITS SECS), UNE PROFONDEUR DE SAVEUR (ACIDE, SUCRÉ, SALÉ) &/OU UNE TOUCHE DE FRAÎCHEUR (HERBES, PICKLES, ZESTES). CES PETITS ÉLÉMENTS SONT RICHES EN GOÛT & ONT UNE BELLE VALEUR AJOUTÉE SANS DEMANDER NI CUISSON NI TEMPS DE PRÉPARATION.

CONSEILS POUR DES SUPERS DWICHS

VEILLER À L'ÉQUILIBRE

APPRENDRE À HARMONISER LES SAVEURS ENTRE ELLES (COMBINER SALÉ, SUCRÉ, ACIDE, PIQUANT POUR CRÉER UN JUSTE ÉQUILIBRE) EST UNE COMPÉTENCE QU'IL EST BON D'APPRENDRE À DÉVELOPPER. GOÛTER & RE-GOÛTER LES ASSEMBLAGES À CHAQUE FOIS QUE L'ON AJOUTE UN NOUVEL INGRÉDIENT PERMET DE RÉAJUSTER LES SAVEURS DE LA GARNITURE TOUT AU LONG DE LA PRÉPARATION.

ASSEMBLER MÉTHODIQUEMENT

POUR S'ASSURER LA BONNE TENUE D'UN SANDWICH, LE MIEUX EST DE L'ASSEMBLER DANS UN CERTAIN ORDRE. ON N'AJOUTE PAS LA GARNITURE AVANT LA SAUCE. ON COMMENCE DONC PAR LA TARTINER SUR LE PAIN, NI EN COUCHE TROP ÉPAISSE (POUR NE PAS QU'ELLE COULE PARTOUT) NI EN COUCHE TROP FINE (POUR QU'ELLE SOIT QUAND MÊME PRÉSENTE EN TEXTURE & EN GOÛT).
LA SAUCE PERMET ÉGALEMENT À LA GARNITURE DE SE CALER DANS LE SANDWICH & DE RESTER À SA PLACE.
ON ESSAIE D'ÉVITER LES ÉLÉMENTS TROP HUMIDES QUI PEUVENT RAPIDEMENT DÉTREMPER LE PAIN & RAMOLLIR LE SANDWICH. SI L'ON EN A MALGRÉ TOUT (DES TOMATES PAR EXEMPLE), ON LES MET LE + POSSIBLE AU CENTRE DES DIFFÉRENTES STRATES POUR LES ISOLER DE LA MIE (L'INDÉMODABLE FEUILLE DE SALADE EST DANS CE CAS-LÀ UN EXCELLENT ISOLANT).

1. LE PAIN

MEILLEUR LE PAIN = MOINS IMPORTANT LE TRAVAIL. COMME POUR TOUT INGRÉDIENT, PLUS LE PAIN EST MAUVAIS, PLUS IL FAUDRA USER DE TALENT & DE RUSES POUR COMPOSER UN DÉLICIEUX SANDWICH AVEC. LE MIEUX EST DONC DE S'ÉVITER LES EFFORTS SUPERFLUS EN CHOISISSANT UN PAIN DE QUALITÉ. L'IDÉAL ÉTANT ÉVIDEMMENT DE CHOISIR UN PAIN AU LEVAIN POUR UNE DIGESTION EN DOUCEUR & UN RASSASIEMENT LONGUE DURÉE. AVEC OU SANS GRAINES, À LA FARINE DE BLÉ COMPLET, DE PETIT ÉPEAUTRE OU ENCORE DE SARRASIN, BAGUETTE OU GROS PAIN À TRANCHER... VARIER LES FARINES & LES FORMES, C'EST VARIER LES PLAISIRS.

LA FOCACCIA MAISON DE ROMAIN

❶ INGRÉDIENTS NÉCESSAIRES

150 G DE FARINE T80 & 150 G DE FARINE T65
10 CL D'EAU + 5 G DE LEVURE DE BOULANGER
3 CL HUILE D'OLIVE + 6 G DE SEL (& 1 PINCÉE)

❷ PRÉPARATION DE LA PÂTE

- DÉLAYER LA LEVURE DANS L'EAU, MÉLANGER LA FARINE & LE SEL. DANS UN BOL, AJOUTER L'EAU ET L'HUILE D'OLIVE DANS LA FARINE. BIEN MÉLANGER JUSQU'À OBTENTION D'UNE PÂTE BIEN HOMOGÈNE (SI ÇA COLLE AUX DOIGTS, C'EST NORMAL). COUVRIR LE BOL AVEC UN TORCHON & LAISSER REPOSER 30 MIN À TEMPÉRATURE AMBIANTE (DANS L'ESPACE LE PLUS CHAUD DU LOGEMENT IDÉALEMENT).
- PÉTRIR GENTIMENT À LA MAIN PENDANT UNE DIZAINE DE MINUTES. LAISSER REPOSER DE NOUVEAU, CETTE FOIS PENDANT 15 MIN.
- SORTIR LA PÂTE DE SON BOL ET LA DÉPOSER SUR UN PLAN HUILÉ. LA PLIER 2-3 FOIS SUR ELLE-MÊME (C'EST CE QUI S'APPELLE LE RABAT) AVANT DE LA PLACER 12 H AU FRIGO AFIN QU'ELLE POUSSE BIEN.
- HUILER UN PLAT RECTANGULAIRE, Y PLACER LA PÂTE TELLE QUELLE. OUBLIER LE PLAT PENDANT 2-3 H DANS L'ENDROIT LE PLUS CHAUD.

❸ CUISSON DE LA FOCACCIA

CHAUFFER LE FOUR PENDANT 20 BONNES MINUTES À **250 DEGRÉS**. AJOUTER DE L'HUILE (ET UN PEU DE ROMARIN SI ON LE SOUHAITE) SUR LA FOCACCIA PUIS LA MASSER EN Y ENFONÇANT LE BOUT DE SES DOIGTS AVEC LES MAINS BIEN OUVERTES. BIEN ÉTALER LA PÂTE JUSQU'AUX 4 COINS DU PLAT & ENFOURNER POUR **20 MIN**.

2. LA GARNITURE

QU'IL S'AGISSE DE DIFFÉRENTS ÉLÉMENTS SUPERPOSÉS OU BIEN D'UN SEUL PRÉPARÉ À LA FAÇON D'UNE SALADE, UNE SAVOUREUSE COMBINAISON DE LÉGUMES & DE PROTÉINES DONNERA À UN SANDWICH LES QUALITÉS D'UN REPAS COMPLET TOUT EN ÉTANT FACILEMENT TRANSPORTABLE. ENTRE **60 À 80 G DE PROTÉINES** PAR SANDWICH POUR **200 G DE LÉGUMES** SEMBLE ÊTRE UNE BONNE QUANTITÉ.

PRÉPARATION DES LÉGUMES

ON CHOISIT AU MAXIMUM DES LÉGUMES NON TRAITÉS. ON REMPLACE LA CORVÉE D'ÉPLUCHAGE PAR UN PETIT LAVAGE POUR UN GAIN DE TEMPS AUTANT QUE DE GOÛT. POUR AVOIR DE LA TEXTURE & DE LA MÂCHE, ON NE LES COUPE PAS EN TROP PETITS MORCEAUX & ON JOUE AVEC LES DIFFÉRENTS TYPES DE PRÉPARATIONS & DE CUISSONS. (UN CRU CROQUANT ET UN CUIT FONDANT PAR EX.) ON RÉFLÉCHIT L'ASSAISONNEMENT SANS LE COMPLEXIFIER POUR UN LÉGUME AU GOÛT VRAI SANS ÊTRE DÉGUISÉ.

CRUS & MARINÉS – ENVIRON 30 MIN DE REPOS
AU-DESSUS D'UN PETIT SALADIER, ON MANDOLINE LE LÉGUME DE SON CHOIX EN RÉGLANT L'ÉPAISSEUR DE TRANCHE SOUHAITÉE. ON ASSAISONNE DIRECTEMENT DANS LE SALADIER & ON LAISSE REPOSER AU FRAIS PENDANT AU MOINS 30 MIN POUR QUE ÇA MARINE.

CUITS À LA VAPEUR – ENTRE 5 & 15 MIN DE CUISSON
À L'EXCEPTION DES LÉGUMES TRÈS AQUEUX (PAR EX. LA COURGETTE OU LA TOMATE), LA CUISSON VAPEUR FAIT DES MERVEILLES POUR CONCENTRER LES GOÛTS TOUT EN N'ALTÉRANT PAS LA TEXTURE. ELLE A AUSSI L'AVANTAGE D'ÊTRE AUSSI SIMPLE QUE RAPIDE & DE POUVOIR CUIRE N'IMPORTE QUEL LÉGUME EN UN TEMPS RECORD TOUT EN CONSERVANT LA MAJORITÉ DES NUTRIMENTS. APRÈS CUISSON, AJOUTER AU MINIMUM UN PEU DE SEL & D'HUILE D'OLIVE À CHAUD EST UNE BONNE HABITUDE À PRENDRE.

RÔTIS AU FOUR – ENTRE 10 & 20 MIN À 180 DEGRÉS
DANS UN SALADIER, ENROBER SES LÉGUMES AVEC UN BON FILET D'HUILE & UNE GÉNÉREUSE PINCÉE DE FLEUR DE SEL (AJOUTER LES ÉPICES EN FONCTION DE SES ENVIES).
SUR UNE PLAQUE, RÉPARTIR LES MORCEAUX DE LÉGUMES EN UNE SEULE COUCHE EN VEILLANT À CE QU'ILS AIENT DE LA PLACE (POUR QUE LA VAPEUR S'ÉCHAPPE) PUIS LAISSER CUIRE ENTRE 10 & 20 MIN EN FONCTION DES LÉGUMES CHOISIS & DU RÉSULTAT DÉSIRÉ.

BRAISÉS À LA POÊLE – ENTRE 10 & 30 MIN DE CUISSON
COMMENCER PAR COLORER LES LÉGUMES DANS UNE POÊLE HUILÉE (À FEU VIF), AJOUTER ENSUITE 1 PETIT CM D'EAU (OU D'UN AUTRE LIQUIDE) ET LES ÉPICES DE SON CHOIX AVANT DE COUVRIR. BAISSER LÉGÈREMENT LE FEU POUR LAISSER CUIRE À CŒUR JUSQU'À TOTALE ÉVAPORATION (SURVEILLER & AJUSTER PETIT À PETIT EN LIQUIDE).

3. LA SAUCE

IL EXISTE UNE MULTITUDE DE SAUCES DANS LE MONDE & SAVOIR S'EN INSPIRER PERMET D'ENRICHIR SA CUISINE. SAVOIR LES CONDIMENTER EN FONCTION DE LA GARNITURE ASSOCIÉE, C'EST SE PROMETTRE DES SANDWICHS SIMPLES MAIS CHAQUE FOIS DIFFÉRENTS & TOUJOURS PARFUMÉS.

ELLE EST LA CLÉ DU SANDWICH & APPORTE UN CÔTÉ ROND, ENROBANT & GOURMAND QUI PEUT TRANSFORMER LE PLUS SIMPLE DES SANDWICHS EN UN DÉJEUNER DES PLUS RÉJOUISSANTS. **BEURRE, MAYO, PESTO, HOUMOUS...** APPRENDRE À DÉCLINER LA VERSION BASIQUE PERMET DE POUVOIR CRÉER À L'INFINI & NE JAMAIS SE LASSER.

EN LA TARTINANT BIEN GÉNÉREUSEMENT SUR LE PAIN, ON CRÉE UN SUPPORT À LA GARNITURE AFIN QU'ELLE NE DÉBORDE PAS DÈS LE PREMIER COUP DE DENTS.

IL EST AUSSI ASSEZ IMPORTANT QUE LA SAUCE ET LA GARNITURE SE CONTREBALANCENT BIEN: LORSQU'ON A UNE GARNITURE UN PEU GRASSE, ON ÉVITE DE L'ASSOCIER À UNE MAYONNAISE OU DU BEURRE. UNE PRÉPARATION PLUS LÉGÈRE COMME UNE SAUCE À BASE DE YAOURT OU DE LÉGUMES PERMETTRA UN ENSEMBLE PLUS ÉQUILIBRÉ.

ON PEUT TOUT FAIRE AVEC

1 PETIT MIXEUR
POUR LES TAPENADES, HOUMOUS, PESTO...

2 MAINS
POUR MALAXER LES BEURRES

1 RÂPE/ZESTEUR
POUR LES SAUCES AUX AGRUMES, FROMAGES À PÂTES DURES...

1 FOUET
POUR LES MAYONNAISES

BOCAUX, ÉPICES & PRODUITS SECS SONT VOS AMIS !			
-CUMIN -CURRY -CORIANDRE -ZAATAR -SUMAC -POIVRE(S) -GINGEMBRE -PIMENT(S) -CARDAMOME -CANNELLE -THYM -ROMARIN -ORIGAN ETC.	-NOISETTES -NOIX -AMANDES -CACAHUÈTES -PIGNONS -PÉCAN -CAJOU -TOURNESOL -SÉSAME(S) -COURGE -FIGUES -DATTES -ABRICOTS -RAISINS ETC.	-POIS CHICHES -LENTILLES -HARICOT(S) -BEURRES VÉGÉTAUX -LÉGUMES MARINÉS -CÂPRES -TOMATES SÉCHÉES -CITRON CONFIT -OLIVE(S) ETC.	HUILES: -TOURNESOL -SÉSAME -COLZA -OLIVE VINAIGRES: -BALSAMIQUE -DE POMME -DE VIN -DE CIDRE -DE RIZ ETC.

GRAND CLASSIQUE DE NOTRE PETITE FRANCE, LE BEURRE SE RETROUVE TROP SOUVENT EN SANDWICH AVEC PLUS DE MANQUE D'IDÉE QUE D'ORIGINALITÉ. IL EST POURTANT TRÈS FACILE À TRAVAILLER POUR LE TRANSFORMER EN UNE BASE SOLIDE, SAVOUREUSE & SURPRENANTE.

PERSONNALISER SON BEURRE

DANS UN BOL, PLACER LES MORCEAUX DE BEURRE & Y AJOUTER LES AROMATES DE SON CHOIX (DES HERBES HACHÉES, DES ÉPICES, DES CÂPRES, DES OLIVES, DES FRUITS SECS, ETC.). S'IL S'AGIT D'UN BEURRE DOUX, PENSER À AJOUTER UN PETIT PEU DE FLEUR DE SEL. BIEN MALAXER L'ENSEMBLE AVEC LES MAINS JUSQU'À OBTENIR UN MÉLANGE HOMOGÈNE. REFORMER LE BEURRE PARFUMÉ EN UN PETIT BOUDIN. IL SE CONSERVERA UNE SEMAINE AU FRAIS DANS UNE BOÎTE HERMÉTIQUE.

BEURRE PARFUMÉ

UN MORCEAU DE **BEURRE**
(À TEMPÉRATURE AMBIANTE)
1 OU 2 **AROMATES**

C'EST TOUT

LA MAYONNAISE EST UNE DES SAUCES LES PLUS CLASSIQUES ASSOCIÉE AUX SANDWICHS. AVEC SA BASE NEUTRE, ELLE PEUT FAIRE DES MERVEILLES AVEC N'IMPORTE QUEL INGRÉDIENT.

BON POUR UNE MAYO MAISON

METTRE DANS UN BOL LE JAUNE D'UN ŒUF FRAÎCHEMENT CASSÉ. AJOUTER 1 C.À C. DE MOUTARDE, LE SEL & LE POIVRE. BIEN FOUETTER LE JAUNE D'ŒUF PUIS COMMENCER À MONTER LA MAYONNAISE EN AJOUTANT L'HUILE GOUTTE-À-GOUTTE AVANT DE LA VERSER EN UN FILET FIN & CONTINU TOUT EN FOUETTANT SANS S'ARRÊTER (ON PEUT FACILEMENT STABILISER LE BOL EN LE POSANT SUR UN TORCHON). UNE FOIS QUE LA SAUCE A DÉJÀ BIEN ÉPAISSI, ON PEUT CONTINUER D'AJOUTER L'HUILE UN PEU PLUS RAPIDEMENT TOUT EN CONTINUANT DE FOUETTER VIGOUREUSEMENT L'ENSEMBLE.

<u>AJOUTER</u> : DES HERBES, DES CÂPRES OU DES CORNICHONS HACHÉS FINEMENT. UN PEU DE JUS DE CITRON OU DE L'AIL PILÉ AU MORTIER, ETC.

MAYONNAISE

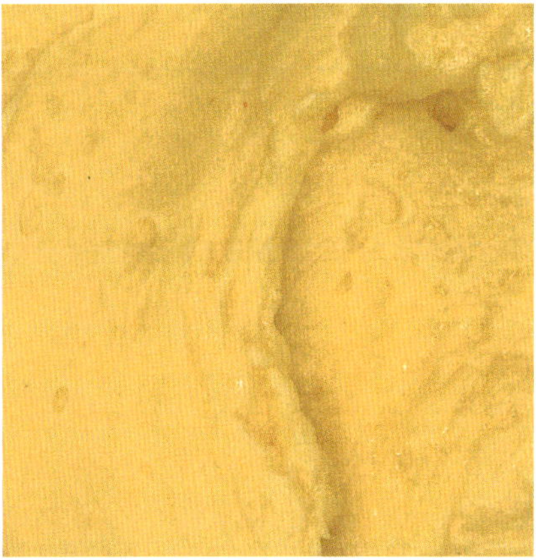

1 **JAUNE D'ŒUF**
1 C. À C. DE **MOUTARDE**
15 CL D'**HUILE** NEUTRE
DE LA **FLEUR DE SEL**
UN PEU DE **POIVRE**

AVEC SON MÉLANGE D'HERBES & DE NOIX, LE PESTO EST UNE SAUCE RICHE ET SAVOUREUSE QUI ASSAISONNE ET RÉHAUSSE FACILEMENT LES PRÉPARATIONS UN PEU PLATES EN GOÛT. TRADITIONNELLEMENT À BASE DE BASILIC, DE PIGNONS DE PIN (& DE PARMESAN), ON PEUT FACILEMENT LE PERSONNALISER ET REMPLACER UN OU PLUSIEURS DE SES INGRÉDIENTS PAR D'AUTRES DE LA MÊME CATÉGORIE.

UN PESTO ILLICO PRESTO

COMMENCER PAR METTRE LES HERBES AU FOND DU MIXEUR, AJOUTER LES AUTRES INGRÉDIENTS PAR-DESSUS & BIEN MIXER JUSQU'À OBTENIR UN PESTO SANS TROP DE GRAINS. ASSOUPLIR LA TEXTURE AVEC UN FILET D'HUILE SI BESOIN.

<u>REMPLACER</u> : LE BASILIC PAR UNE AUTRE HERBE FRAÎCHE (CORIANDRE, PERSIL, OSEILLE, MENTHE, CERFEUIL, ROQUETTE, POUSSES D'ÉPINARD...)
<u>ASSOCIER</u> : LES FRUITS SECS EN FONCTION DE L'HERBE UTILISÉE (CACAHUÈTE & CORIANDRE, CAJOU & ÉPINARD, NOISETTES & MENTHE, NOIX & ROQUETTE, AMANDES & OSEILLE...)

PESTO

1 BOUQUET D'**HERBES**
50 G DE **NOIX** OU **GRAINES**
1 PETITE GOUSSE D'**AIL**
LE JUS D'1/2 **CITRON**
2 C. À S. D'**HUILE D'OLIVE**
FLEUR DE SEL AU GOÛT

PURÉES D'OLÉAGINEUX

2-3 BELLES C. À S. DE **PURÉE DE GRAINES OLÉAGINEUSES**
1 FILET D'**HUILE** DE SON CHOIX
1 TRAIT D'**ACIDITÉ** (VINAIGRE, JUS D'AGRUME, VERJUS, ETC.)
1 OU 2 **HERBES** OU **ÉPICES**
UN PEU DE FLEUR DE SEL

BIEN MÉLANGER TOUS LES INGRÉDIENTS JUSQU'À OBTENIR UNE SAUCE HOMOGÈNE.

LABNEH

200 G DE **YAOURT**
DE L'**HUILE D'OLIVE**
HERBES OU **ÉPICES**
DE LA FLEUR DE SEL

DISPOSER UNE PASSOIRE SUR UN SALADIER. COUVRIR D'UNE ÉTAMINE OU UN TORCHON & AJOUTER LE YAOURT ASSAISONNÉ. FERMER LE TOUT COMME UN BALUCHON & LAISSER ÉGOUTTER AU FRIGO PENDANT 5-6 H MINIMUM (ENTRE 12 & 24 H, C'EST ENCORE MIEUX).

TAPENADE

1 BOCAL D'**OLIVES** VERTES
OU NOIRES (DÉNOYAUTÉES)
2 C. À S. D'**HUILE D'OLIVE**
1 GOUSSE D'AIL ÉCRASÉE
QUELQUES **CÂPRES**
EN BONUS : THYM, QUELQUES
FRUITS SECS (DATTES, FIGUES,
TOMATES SÉCHÉES…) OU MÊME
UN PEU DE CITRON CONFIT

MIXER TOUS LES INGRÉDIENTS.

SAUCE FROMAGE

1 **YAOURT** (ENVIRON 125 G)
LE MÊME POIDS DE **FROMAGE**
DU SEL AU GOÛT SI BESOIN
(LE FROMAGE, C'EST DÉJÀ SALÉ !)
DES **HERBES** OU DES **ÉPICES**

RÂPER OU COUPER LE FROMAGE (EN FONCTION DU TYPE DE FROMAGE CHOISI) & LE MIXER AVEC LE YAOURT, DU SEL & L'AROMATE DE SON CHOIX.

PRÉPARATION ORIGINAIRE DU MOYEN-ORIENT, LE HOUMOUS SE PRÉPARE TRADITIONNELLEMENT À PARTIR DE POIS CHICHES CUITS & DE PURÉE DE SÉSAME, AUXQUELS ON AJOUTE UN PEU D'AIL & DE JUS DE CITRON (DOSÉS À L'ENVIE). IL CONSTITUE UNE EXCELLENTE SAUCE POUR SANDWICH. À LA FOIS SAINE & NOURRISSANTE, ELLE PEUT SE PARFUMER DE MILLE FAÇONS & SE CONDIMENTER QUASIMENT À L'INFINI.

REVISITER LE HOUMOUS

BIEN MIXER TOUS LES INGRÉDIENTS ENSEMBLE & RÉAJUSTER LA TEXTURE EN AJOUTANT UN PEU D'EAU SI ÇA SEMBLE NÉCESSAIRE.

AJOUTER : UNE POIGNÉE D'HERBES FRAÎCHES OU SÉCHÉES + UNE OU DEUX ÉPICES.

REMPLACER : LES POIS CHICHES PAR UNE AUTRE LÉGUMINEUSE (HARICOTS, LENTILLES, FÈVES...) & LE TAHINI PAR UNE AUTRE PURÉE DE NOIX OU DE GRAINES (AMANDES, NOISETTES, ETC.).

HOUMOUS

1 BOCAL DE **POIS CHICHES**
(CUITS – ENVIRON 200 G)
1 GOUSSE D'**AIL** ÉCRASÉE
LE JUS D'1/2 **CITRON**
1 C. À S. D'**HUILE D'OLIVE**
2 C. À S. DE **TAHINI**
FLEUR DE SEL AU GOUT

AUBERGINE, POIVRON, ARTICHAUT, COURGE...
UN PEU DE LÉGUMES CUITS MIXÉS EN UNE BELLE TEXTURE CONSTITUERONT UNE SAUCE LÉGÈRE & VÉGÉTALE QUI ENRICHIRA LES SAVEURS DU SANDWICH SANS EN ALOURDIR L'ENSEMBLE.

PRÉPARER SA PURÉE DE LÉGUMES

UTILISER UN RESTE DE LÉGUMES DE SAISON DÉJÀ PRÊTS OU BIEN CUIRE LES LÉGUMES À LA MANIÈRE DE SON CHOIX. LES ASSAISONNER À SON GOÛT AVANT DE LES MIXER AVEC UN BEAU FILET D'HUILE D'OLIVE JUSQU'À OBTENIR UNE TEXTURE À LA FOIS LISSE & BIEN NAPPANTE. (POUR AIDER À LA BONNE TEXTURE, ON FAIT CONFIANCE À SES SENSATIONS & ON AJOUTE UN PEU DE YAOURT, DE PURÉE D'AMANDES...).
ON PARFUME SA PURÉE DE LÉGUMES EN MIXANT DES ÉPICES, DES HERBES FRAÎCHES OU D'AUTRES CONDIMENTS DIRECTEMENT DEDANS (ATTENTION À NE PAS MÉLANGER PLUS DE 2 OU 3 GOÛTS!)

PURÉE DE LÉGUMES

200 G DE **LÉGUMES CUITS**
(DE SAISON BIEN ÉVIDEMMENT)
2 C. À S. D'**HUILE D'OLIVE**
FLEUR DE SEL AU GOÛT
+ 1 OU 2 **AROMATES**

SANDWICHS VÉGÉTARIENS

POUR LA SAUCE

MIXER ENVIRON 200 G DE **FÈVES** AVEC 1 PETITE GOUSSE D'**AIL**, 1 C. À S. DE **TAHINI** & LE JUS D'1/2 **CITRON**. AJOUTER UN PEU DE SEL AU GOÛT & 4 OU 5 FEUILLES DE **MENTHE**.

POUR LA GARNITURE

COUPER DES MINI-**COURGETTES** EN DEUX DANS LE SENS DE LA LONGUEUR, LES ASSAISONNER D'UN PEU D'HUILE D'OLIVE & DE FLEUR DE SEL. AJOUTER UNE GÉNÉREUSE PINCÉE DE **SUMAC**, BIEN LES ENROBER & LES PLACER 10 MIN DANS UN FOUR PRÉCHAUFFÉ À 190 DEGRÉS (ON PEUT AUSSI BIEN LES POÊLER 5 GROSSES MINUTES À FEU ASSEZ FORT EN LES FAISANT SAUTER).

DANS UN BON PAIN DE CAMPAGNE

ÉTALER LE HOUMOUS DE FÈVE SUR UNE DES TRANCHES. Y DISPOSER LES COURGETTES JOLIMENT GRILLÉES PUIS ADDITIONNER DE **FETA** ÉMIETTÉE & D'**AMANDES** CONCASSÉES. FINIR AVEC UN PEU DE **MENTHE** FRAÎCHE & UNE PINCÉE DE **PIMENT D'ESPELETTE**.

HOUMOUS DE FÈVES, COURGETTE AU SUMAC, FETA & AMANDES

POUR LA SAUCE

FAIRE TREMPER UNE BELLE POIGNÉE DE **NOIX DE CAJOU** DANS UN BOL D'EAU TIÈDE AVANT DE LES ÉGOUTTER & DE LES MIXER AVEC 3 GROSSES POIGNÉES D'**OSEILLE**, 1 GOUSSE D'**AIL**, UN PEU DE FLEUR DE SEL & UN FILET D'HUILE D'OLIVE.

POUR LA GARNITURE

CUIRE DES **ASPERGES VERTES** PENDANT 5 MIN À LA VAPEUR OU À LA POÊLE AVANT DE LES REFROIDIR POUR ARRÊTER LA CUISSON. LES ARROSER DU JUS D'1/2 **CITRON** & RÉSERVER. À LA MANDOLINE OU AU COUTEAU, DÉTAILLER 1 **ÉCHALOTE** & QUELQUES **CHAMPIGNONS DE PARIS** EN FINES LAMELLES AVANT DE LES LIER AVEC DE L'HUILE D'OLIVE, DE LA FLEUR DE SEL & QUELQUES TOURS DE MOULIN À POIVRE.

DANS UNE BELLE BAGUETTE

TARTINER LE PESTO D'OSEILLE PUIS AJOUTER LES ASPERGES TENDRES DANS LA LONGUEUR DU SANDWICH. AJOUTER LA PRÉPARATION DE CHAMPIGNONS À L'ÉCHALOTE PAR-DESSUS. FINIR AVEC QUELQUES NOIX DE CAJOU HACHÉES & UN PEU DE ZESTES DE CITRON.

PESTO OSEILLE-CAJOU, ASPERGES & CONDIMENT CHAMPIGNONS-ÉCHALOTE

POUR LA SAUCE

MÉLANGER UNE GROSSE C. À S. DE **TAHINI** AVEC LA MÊME DOSE DE **YAOURT** (DE BREBIS OU DE CHÈVRE DE PRÉFÉRENCE), UN PEU DE FLEUR DE SEL & UN FILET D'HUILE D'OLIVE BIEN PARFUMÉE.

POUR LA GARNITURE

CUIRE RAPIDEMENT DES **FÈVES** (FRAÎCHES OU SURGELÉES) À LA VAPEUR JUSQU'À TENDRETÉ. LES PARFUMER AVEC LE ZESTE D'1 **CITRON** & UN FILET D'HUILE D'OLIVE. SALER AU GOÛT. PRENDRE UN BOCAL D'**ARTICHAUTS GRILLÉS**. LES ASSAISONNER AVEC DU JUS DE CITRON ET 2 PETITES GOUSSES D'**AIL** ÉCRASÉES.

DANS UN BON PAIN DE CAMPAGNE

ASSEMBLER LE SANDWICH EN COMMENÇANT PAR UN BELLE ÉPAISSEUR DE SAUCE TAHINI, AJOUTER ENSUITE LES FÈVES (ON PEUT AUSSI LES MÉLANGER DIRECTEMENT DANS LA SAUCE) PUIS PLEIN D'ARTICHAUTS. FINIR PAR UNE BONNE QUANTITÉ DE **PARMESAN** EN COPEAUX.

SAUCE TAHINI, FÈVES & ARTICHAUTS CITRONNÉS, PARMESAN

POUR LA SAUCE

PRENDRE UN MORCEAU DE **BEURRE** TENDRE (À TEMPÉRATURE AMBIANTE) & LE COUPER EN PETITS DÉS. AJOUTER DE LA FLEUR DE SEL & DU **POIVRE FUMÉ** GÉNÉREUSEMENT MOULU. MALAXER LE BEURRE AVEC APPLICATION POUR BIEN RÉPARTIR LE SEL & LE POIVRE DEDANS.

POUR LA GARNITURE

À L'AIDE DE LA MANDOLINE, FAIRE DE BELLES LAMELLES DE **RADIS** COLORÉS & LES ENROBER AVEC UN PEU D'HUILE D'OLIVE ET DE **POIVRE DE TIMUT** (UN POIVRE AU GOÛT D'AGRUMES). AJOUTER UNE PINCÉE DE FLEUR DE SEL POUR LE GRAIN CROQUANT D'UN RADIS-BEURRE.

DANS UNE BELLE BAGUETTE

FENDRE UNE DEMI-BAGUETTE (PAR PERSONNE) & LA CARESSER D'UNE COUCHE DE BEURRE FUMÉ, AJOUTER QUELQUES TRANCHES D'UNE BONNE **TOMME DE BREBIS** & UNE GÉNÉREUSE PORTION DE BEAUX RADIS CROQUANTS.

BEURRE PAR-FUMÉ, TOMME DE BREBIS & RADIS CRUS

POUR LA SAUCE

ZESTER 1 **ORANGE** (BIO) PUIS MÉLANGER LES ZESTES AVEC DE LA **STRACCIATELLA** BIEN CRÉMEUSE & UNE BONNE C. À S. D'HUILE D'OLIVE. VEILLER À BIEN MÉLANGER LE TOUT JUSQU'À OBTENIR UNE RÉPARTITION HOMOGÈNE.

POUR LA GARNITURE

PRENDRE 1 **BETTERAVE RÔTIE** AU FOUR (OU, À DÉFAUT, CUITE SOUS-VIDE) PUIS LA COUPER EN TRANCHES D'1 CM D'ÉPAISSEUR. LES BETTERAVES RÔTIES N'ONT PAS BESOIN D'ASSAISONNEMENT AUTRE QU'UN PEU DE JUS D'ORANGE À L'ENVI. POUR LA VERSION CUITE SOUS-VIDE : HUILER, SALER ET POIVRER LES TRANCHES AU GOÛT. ENROBER ENSUITE LES **FRAMBOISES** AVEC UN PEU DE **BALSAMIQUE**, D'HUILE D'OLIVE, D'**AIL** & DE FLEUR DE SEL.

DANS UNE FOCACCIA MOELLEUSE

RÉPARTIR LA STRACCIATELLA SUR LA TRANCHE INFÉRIEURE. BIEN RÉPARTIR PAR-DESSUS LES TRANCHES DE BETTERAVE AU JUS D'ORANGE. AJOUTER ENSUITE QUELQUES FRAMBOISES EN VINAIGRETTE. FINIR AVEC DES **PISTACHES** NATURE GROSSIÈREMENT CONCASSÉES.

STRACCIATELLA À L'ORANGE, BETTERAVE RÔTIE, FRAMBOISES & PISTACHES

POUR LA SAUCE

MIXER UN PETIT BOCAL DE **TOMATES SÉCHÉES** À L'HUILE (LES ÉGOUTTER RAPIDEMENT) AVEC 1 POIGNÉE DE **BASILIC** FRAIS & 1/4 DE VERRE DE **GRAINES DE TOURNESOL** (LES TOMATES ÉTANT DÉJÀ ASSAISONNÉES, INUTILE D'EN RAJOUTER).

POUR LA GARNITURE

CUIRE LES **HARICOTS VERTS** À LA VAPEUR ENTRE 5 & 10 MIN (JUSQU'À CE QU'ILS SOIENT BIEN TENDRES TOUT EN RESTANT VERTS). BIEN ÉCRASER & HACHER 1 GOUSSE D'**AIL** AVANT DE LA MÉLANGER DANS LES HARICOTS VERTS AVEC UNE PINCÉE DE FLEUR DE SEL & UN GROS FILET D'HUILE D'OLIVE.

DANS UN BON PAIN DE CAMPAGNE

COMMENCER PAR LE PESTO DE TOMATES SÉCHÉES PUIS AJOUTER DES HARICOTS VERTS AVANT DE GARNIR AVEC DES MORCEAUX DE **CHÈVRE FRAIS** & DES FEUILLES DE **ROQUETTE**.

PESTOMATES SÉCHÉES, HARICOTS VERTS, CHÈVRE FRAIS & ROQUETTE

POUR LA SAUCE

MÉLANGER 2 C.À S. DE **BEURRE DE CACAHUÈTES** AVEC LE JUS & LE ZESTE D'1 **CITRON VERT**, UN TRAIT DE **SAUCE SOJA SALÉE**, 1 GOUSSE D'**AIL** ÉCRASÉE, 1/2 C.À C. DE **PIMENT MOULU**, UN PEU DE **GINGEMBRE**, UN TRAIT DE **VINAIGRE DE RIZ** & QUELQUES **FEUILLES DE CORIANDRE** HACHÉES.

POUR LA GARNITURE

MANDOLINER UNE JOLIE PETITE **CAROTTE**, UN MORCEAU DE **CONCOMBRE** & QUELQUES **RADIS** AVANT DE LES ENROBER D'HUILE DE SÉSAME, D'UN FILET DE SAUCE SOJA & D'UN PEU DE CITRON VERT. RÉSERVER AU FRAIS.
CUIRE UN **ŒUF DUR** PAR SANDWICH (9 MIN DANS UNE EAU À GÉNÉREUSE ÉBULLITION).

DANS UNE BELLE BAGUETTE

TARTINER LA SAUCE À L'ENVI PUIS AJOUTER L'ŒUF DUR COUPÉ EN RONDELLES (ON PEUT LE REMPLACER PAR DU POULET RÔTI) AINSI QUE LES CRUDITÉS MARINÉES. FINIR EN GARNISSANT DE FEUILLES DE CORIANDRE FRAÎCHE & D'UN PEU DE PIMENT EN FONCTION DE SON GOÛT.

SAUCE CACAHUÈTES, CRUDITÉS ASSAISONNÉES, ŒUF DUR & CORIANDRE

POUR LA SAUCE

BIEN ÉCRASER 2 GOUSSES D'**AIL** AVANT DE LES LIER INTIMEMENT AVEC 2 C.À S. DE **MAYONNAISE** (SE RÉFÉRER À LA RECETTE DE MAYO PAGE 22). AJOUTER UNE BELLE POIGNÉE DE **POIS CHICHES** & MÉLANGER L'ENSEMBLE DE FAÇON HOMOGÈNE.

POUR LA GARNITURE

MANDOLINER UN PETIT BULBE DE **FENOUIL** & UNE PETITE **COURGETTE** AVANT DE LES ASSAISONNER AVEC DU JUS DE **CITRON** OU D'ORANGE, DE L'HUILE D'OLIVE & UNE PINCÉE DE FLEUR DE SEL. Y AJOUTER ENSUITE QUELQUES PETITS FLEURETS DE **CHOU-FLEUR** VAPEUR.

DANS UN BON PAIN DE CAMPAGNE

TARTINER LE PAIN AVEC LES POIS CHICHES À LA MAYONNAISE PUIS AJOUTER L'ASSORTIMENT DE LÉGUMES AVANT D'AGRÉMENTER L'ENSEMBLE AVEC QUELQUES **ZESTES D'ORANGE**.

MAYOLI AUX POIS CHICHES, CHOU-FLEUR, COURGETTE & FENOUIL

POUR LA SAUCE

MÉLANGER 3 C. À S. DE **LABNEH** NATURE (P. 26) (PRÉPARÉ AVEC UN YAOURT DE BREBIS OU DE CHÈVRE, C'EST ENCORE MEILLEUR) OU D'UN BON YAOURT À LA GRECQUE AVEC UNE BELLE PINCÉE DE SUMAC, UN FILET D'HUILE D'OLIVE PARFUMÉE & UNE PINCÉE DE FLEUR DE SEL.

POUR LA GARNITURE

DÉCOUPER UN PETIT **FENOUIL** AVANT DE L'ENROBER D'UN PEU D'HUILE D'OLIVE ET DE **ZAATAR**, SALER & RÔTIR AU FOUR (15-20 MIN ENVIRON À 180 DEGRÉS). PENDANT CE TEMPS, TAILLER UNE BELLE **TOMATE** EN TRANCHES FINES ET L'ASSAISONNER AVEC DU **VINAIGRE BALSAMIQUE** & UN PEU D'**AIL** ÉCRASÉ.

DANS UNE BELLE BAGUETTE

ÉTALER GÉNÉREUSEMENT LE LABNEH SUR LE PAIN AVANT D'AJOUTER UNE COUCHE DE FENOUIL RÔTI, DES TOMATES, DES **GRAINES DE TOURNESOL** & QUELQUES FEUILLES DE **MENTHE**.

LABNEH DE BREBIS, FENOUIL RÔTI, TOMATE, MENTHE & TOURNESOL

POUR LA SAUCE

MÉLANGER 3 C. À S. DE **LABNEH** NATURE (P. 26) OU D'UN BON YAOURT À LA GRECQUE AVEC UNE DIZAINE DE **CÂPRES** HACHÉES, UN FILET D'HUILE D'OLIVE & DE JUS DE **CITRON**, UN PEU DE **PARMESAN** RÂPÉ & DE LA FLEUR DE SEL.

POUR LA GARNITURE

DÉTAILLER DES FLEURETS DE **BROCOLI** & LES CUIRE À LA VAPEUR 5 MIN MAXIMUM (POUR QU'ILS NE SE RETROUVENT PAS TOUT MOUS). LES ASSAISONNER TOUT SIMPLEMENT AVEC UN PEU DE JUS DE CITRON & DE FLEUR DE SEL. CUIRE UN **ŒUF DUR** PAR SANDWICH 9 MIN À L'EAU BOUILLANTE & L'ÉCALER DÉLICATEMENT.

DANS UNE BELLE BAGUETTE

TARTINER LE LABNEH AUX CÂPRES & DISPOSER PAR-DESSUS L'ŒUF DÉCOUPÉ EN RONDELLES. AJOUTER ENSUITE LES FLEURETS DE BROCOLI CITRONNÉS & DES **NOISETTES** CONCASSÉES.

LABNEH AUX CÂPRES, ŒUF DUR, BROCOLI & NOISETTES

POUR LA SAUCE

MIXER UN DEMI-VERRE D'**AMANDES** AVEC UN BEAU BOUQUET DE **MENTHE FRAÎCHE**, 1 PETITE GOUSSE D'**AIL** ÉCRASÉE, UNE PINCÉE DE FLEUR DE SEL & UN GROS FILET D'HUILE D'OLIVE.

POUR LA GARNITURE

AVEC LA MANDOLINE (OU BIEN UN COUTEAU) DÉTAILLER UN **FENOUIL** TRÈS FINEMENT AVANT DE LE FAIRE MARINER AVEC LES ZESTES & LE JUS D'UN BEAU **CITRON VERT**, DE L'HUILE D'OLIVE & UNE PINCÉE DE FLEUR DE SEL. PRÉPARER UN **DUKKAH PIMENTÉ** EN MIXANT RAPIDEMENT UNE POIGNÉE DE CACAHUÈTES, UNE D'AMANDES & UNE AUTRE DE NOIX AVEC 1 C. À C. DE PIMENT D'ESPELETTE, UNE DE CUMIN MOULU & UNE GROSSE PINCÉE DE SEL FUMÉ.

DANS UNE BELLE BAGUETTE

TARTINER D'ABORD UNE BELLE C. À S. DE PESTO PUIS AJOUTER 2 OU 3 TRANCHES DE TOMME DE BREBIS AVANT DE GARNIR AVEC LE FENOUIL MARINÉ & D'ASSAISONNER AVEC LE DUKKAH.

PESTO DE MENTHE, FENOUIL AU CITRON VERT, TOMME & DUKKAH PIMENTÉ

POUR LA SAUCE

MIXER ENVIRON 200 G DE **POIVRON** CUIT AVEC 1 GROSSE POIGNÉE DE CERNEAUX DE NOIX, 2 PETITES GOUSSES D'**AIL**, QUELQUES GRAINES DE **CUMIN** & DE **CORIANDRE** ÉCRASÉES, LE JUS D'1/2 **CITRON**, DE L'HUILE D'OLIVE, DU SEL & UN FILET DE **VINAIGRE BALSAMIQUE.**

POUR LA GARNITURE

COUPER DES **COURGETTES** EN TRANCHES ASSEZ FINES, LES ENROBER D'UN PEU D'HUILE D'OLIVE & DE FLEUR DE SEL PUIS LES FAIRE RÔTIR 10 MIN DANS UN FOUR À 200 DEGRÉS. (ON PEUT AUSSI LES FAIRE REVENIR DANS UNE POÊLE BIEN CHAUDE EN LES SURVEILLANT BIEN POUR QU'ELLES GRILLENT SANS BRÛLER). MÉLANGER DES **POIS CHICHES** AVEC UN PEU DE **YAOURT** & 2 OU 3 **DATTES** DÉCOUPÉES EN PETITS DÉS. ASSAISONNER AVEC DU CITRON, DE L'HUILE D'OLIVE & DE LA FLEUR DE SEL.

DANS UNE FOCACCIA MOELLEUSE

ÉTALER LES POIS CHICHES AU YAOURT SUR LA TRANCHE INFÉRIEURE DE LA FOCACCIA AVANT D'AJOUTER LES COURGETTES RÔTIES SUR TOUTE SA SURFACE. TARTINER DE SAUCE AU POIVRON LA TRANCHE SUPÉRIEURE AVANT DE LA DISPOSER POUR FINIR LE SANDWICH.

MUHAMMARA, COURGETTE, YAOURT AUX POIS CHICHES & AUX DATTES

POUR LA SAUCE

COUPER UN MORCEAU DE **BEURRE** EN CUBES & LES LAISSER À TEMPÉRATURE AMBIANTE POUR LES FAIRE RAMOLLIR & LES RENDRE BIEN MALLÉABLES. ÉCRASER DES **GRAINES DE CUMIN** AVANT DE LES AJOUTER DANS LE BEURRE & DE BIEN MALAXER (AJOUTER DU SEL S'IL S'AGIT DE BEURRE DOUX). GOÛTER & AJUSTER.

POUR LA GARNITURE

DÉTACHER DES PETITS BOUQUETS DE **CHOU-FLEUR** CRU & LES COUPER LE PLUS FINEMENT POSSIBLE À L'AIDE DE LA MANDOLINE. LES ASSAISONNER TRÈS SIMPLEMENT AVEC DE L'HUILE D'OLIVE & UN TOUT PETIT PEU DE **VINAIGRE DE POMME**. FLEUR DE SEL, TOUJOURS.

DANS UNE BELLE BAGUETTE

BIEN BEURRER 1/2 BAGUETTE CROUSTILLANTE AVANT D'Y DISPOSER DES TRANCHES DE **TOMME** (DE BREBIS OU DE VACHE), AJOUTER LE CHOU-FLEUR MANDOLINÉ & FINIR AVEC UNE BONNE POIGNÉE DE **NOISETTES** CONCASSÉES.

BEURRE AU CUMIN, CHOU-FLEUR CRU, TOMME & NOISETTES

POUR LA SAUCE

MÉLANGER SIMPLEMENT DE LA **RICOTTA** AVEC 1 C.À C. DE **FLEUR D'ORANGER**, UN FILET D'HUILE D'OLIVE & DE LA FLEUR DE SEL (ON PEUT AUSSI AJOUTER UN PEU DE POIVRE).

POUR LA GARNITURE

COUPER DES LAMELLES (D'ENVIRON 1 CM) DE **TOMATE** & DE **NECTARINE**. SALER, HUILER & AJOUTER UNE PETITE PINCÉE DE **SUMAC** AVANT DE MÉLANGER DÉLICATEMENT LE TOUT.

DANS UNE FOCACCIA MOELLEUSE

ÉTALER TRÈS GÉNÉREUSEMENT LA RICOTTA SUR LA TRANCHE INFÉRIEURE PUIS DISPOSER UNIFORMÉMENT DES TRANCHES DE TOMATES & DE NECTARINE. PARSEMER AVEC UNE PETITE POIGNÉE D'**AMANDES** COUPÉES GROSSIÈREMENT & RECOUVRIR DE FEUILLES DE **BASILIC** (ELLES ÉVITERONT QUE LA TRANCHE SUPÉRIEURE SE DÉTREMPE AU CONTACT DES TOMATES) AVANT DE REFERMER LE SANDWICH.

RICOTTA FLEUR D'ORANGER, TOMATES, NECTARINE, AMANDES & BASILIC

POUR LA SAUCE

MIXER UN DEMI-VERRE DE **NOISETTES** AVEC 1 GROS BOUQUET DE **BASILIC FRAIS**, 1 PETITE GOUSSE D'**AIL** ÉCRASÉE, UNE PINCÉE DE FLEUR DE SEL & UN GROS FILET D'HUILE D'OLIVE.

POUR LA GARNITURE

AVEC LA MANDOLINE, COUPER UNE ASSEZ GROSSE **COURGETTE** EN LONGS RUBANS. DANS UN PETIT SALADIER, LES ENROBER AVEC LE JUS D'1/2 **CITRON**, DE LA FLEUR DE SEL & UN PETIT FILET D'HUILE D'OLIVE.

DANS UNE BELLE BAGUETTE

TARTINER 1 GROSSE C.À S. DE PESTO, AJOUTER DES TRANCHES DE **LAGUIOLE** (OU D'UN AUTRE FROMAGE ASSEZ DOUX À PÂTE DURE). DISPOSER UNE BELLE ÉPAISSEUR DE RUBANS DE COURGETTE AVANT D'AJOUTER QUELQUES NOISETTES & FEUILLES DE BASILIC.

PESTO DE BASILIC, COURGETTE MARINÉE, LAGUIOLE & NOISETTES

POUR LA SAUCE

MIXER UN BOCAL D'**OLIVES NOIRES** AVEC 2 OU 3 **FIGUES** MÛRES (ON PEUT LES REMPLACER PAR DES FIGUES SÈCHES RÉHYDRATÉES DANS UN BOL D'EAU CHAUDE), QUELQUES **CÂPRES**, 1 C.À S. DE **BALSAMIQUE** & DE L'HUILE D'OLIVE. (LES OLIVES ÉTANT DÉJA UN INGRÉDIENT BIEN SALÉ, INUTILE D'AJOUTER DU SEL).

POUR LA GARNITURE

COUPER DES **CAROTTES** EN TRANCHES ASSEZ FINES (3 MM ENVIRON) AVANT DE LES FAIRE CUIRE À LA VAPEUR PENDANT 5-10 MIN EN FONCTION DE SON GOÛT (C'EST TOUJOURS BIEN SI ELLES SONT ENCORE UN PEU FERMES). LES ASSAISONNER AVEC UN PEU DE **THYM** FRAIS OU SÉCHÉ, DE SEL & D'HUILE D'OLIVE.

DANS UNE BELLE BAGUETTE

ÉTALER LA TAPENADE SUR LA MIE (ATTENTION À LA QUANTITÉ QUE L'ON MET CAR ÇA PEUT VITE ÊTRE ASSEZ SALÉ). AJOUTER ENSUITE DE JOLIES TRANCHES DE **TOMME** (DE BREBIS PAR EXEMPLE) AVANT DE GARNIR DE CAROTTES AU THYM. FINIR EN DISPOSANT DES LAMELLES DE FIGUE FRAÎCHE & DES **AMANDES** HACHÉES.

TAPENADE AUX FIGUES, CAROTTES AU THYM, TOMME & AMANDES

POUR LA SAUCE

MIXER ENVIRON 200 G DE **HARICOTS BLANCS** CUITS (AU NATUREL SI C'EST UNE CONSERVE) AVEC 2 C.À S. DE **TAHINI**, UN PEU DE JUS DE CITRON, 2 GOUSSES D'**AIL** ÉCRASÉES, UN BON FILET D'HUILE D'OLIVE, DU **THYM** FRAIS (OU SÉCHÉ, À DÉFAUT) & UN PEU DE FLEUR DE SEL.

POUR LA GARNITURE

DÉCOUPER **TOMATES** & **FIGUES** EN TRANCHES RÉGULIÈRES PUIS LES ASSAISONNER AVEC DU **VINAIGRE BALSAMIQUE**, DE LA FLEUR DE SEL & DU **POIVRE** (FUMÉ C'EST ENCORE MEILLEUR). AJOUTER AUSSI UN PEU D'HUILE D'OLIVE.

DANS UN BON PAIN DE CAMPAGNE

ÉTALER UNE COUCHE DE HOUMOUS AVANT DE DISPOSER DESSUS LES TOMATES & LES FIGUES BIEN ASSAISONNÉES. ADDITIONNER DE FEUILLES DE **ROQUETTE** & DE **NOISETTES** CONCASSÉES.

HOUMOUS BLANC, TOMATES & FIGUES FRAÎCHES, ROQUETTE & NOISETTES

POUR LA SAUCE

ASSAISONNER TOUT SIMPLEMENT UN PEU DE **PURÉE D'AMANDES** COMPLÈTES (ÇA SE TROUVE TRÈS FACILEMENT EN MAGASIN BIO) AVEC DU SEL & ÉVENTUELLEMENT QUELQUES BRINS DE CIBOULETTE FRAÎCHE CISELÉE FINEMENT.

POUR LA GARNITURE

CUIRE QUELQUES FLEURETS DE **CHOU-FLEUR** À LA VAPEUR (PAS PLUS DE 10 MIN) EN FAISANT BIEN ATTENTION À LES GARDER UN PEU FERMES. ASSAISONNER AVEC UN PEU DE FLEUR DE SEL & D'HUILE D'OLIVE PARFUMÉE. RÉCUPÉRER QUELQUES **POIVRONS MARINÉS** (FAITS-MAISON OU ACHETÉS TELS QUELS) & LES COUPER EN PETITS MORCEAUX RELATIVEMENT RÉGULIERS.

DANS UNE BELLE BAGUETTE

TARTINER LA PURÉE D'AMANDES AVANT D'AJOUTER UNE BONNE QUANTITÉ DE CHOU-FLEUR. RÉPARTIR DES MORCEAUX DE POIVRON DANS TOUTE LA LONGUEUR DU SANDWICH. FINIR AVEC DE LA **FETA** ÉMIETTÉE & QUELQUES **GRAINES DE TOURNESOL** (OU PIGNONS DE PIN).

PURÉE D'AMANDES, CHOU-FLEUR, POIVRON MARINÉ & FETA

POUR LA SAUCE

BATTRE UNE **FAISSELLE** DE CHÈVRE AVEC DE LA **CIBOULETTE** CISELÉE, UN GÉNÉREUX FILET D'HUILE D'OLIVE, QUELQUES TOURS DE MOULIN À **POIVRE** & UNE PINCÉE DE FLEUR DE SEL.

POUR LA GARNITURE

COUPER 1 PETIT **CÉLERI-RAVE** EN TRANCHES BIEN ÉPAISSES (COMME UN STEAK À PEU PRÈS) & LES CUIRE COMME ON LE SOUHAITE (ENVIRON 10 MIN À LA VAPEUR OU BIEN 15-20 MIN DANS UN FOUR PRÉCHAUFFÉ À 200 DEGRÉS) JUSQU'À CE QU'ELLES SOIENT TENDRES AU COUTEAU. ASSAISONNER AVEC UN PEU DE FLEUR DE SEL & D'HUILE D'OLIVE (APRÈS LA CUISSON À LA VAPEUR OU AVANT LA CUISSON AU FOUR). COUPER QUELQUES **FIGUES** & LES MÉLANGER AVEC LE JUS & LE ZESTE D'UN **CITRON VERT**.

DANS UNE FOCACCIA MOELLEUSE

METTRE UNE BELLE COUCHE DE FAISSELLE & DISPOSER DESSUS UNE TRANCHE DE CÉLERI, AJOUTER DES FIGUES MARINÉES & BEAUCOUP DE **CERFEUIL** FRAIS (ASSAISONNÉ AU DERNIER MOMENT AVEC DE L'HUILE D'OLIVE & DU CITRON).

FAISSELLE À LA CIBOULETTE, CÉLERI & FIGUES, SALADE DE CERFEUIL

POUR LA SAUCE

MIXER 1 PETITE BOTTE DE **CORIANDRE** AVEC 2 GROSSES POIGNÉES DE **CACAHUÈTES,** 1 GOUSSE D'**AIL** ÉCRASÉE & 2 C. À S. DE **VINAIGRE DE RIZ**. AJOUTER UN FILET D'EAU FRAÎCHE SI BESOIN POUR PARFAIRE LA TEXTURE. GOÛTER AVANT DE RÉASSAISONNER L'ENSEMBLE SI NÉCESSAIRE.

POUR LA GARNITURE

CUIRE 1 **ŒUF** DUR PENDANT 9 MIN. CUIRE DU **BROCOLI** À LA VAPEUR (PENDANT 5 MIN) AVANT DE L'ASSAISONNER AVEC LE JUS & LES ZESTES D'1 PETITE **ORANGE**, UN PEU DE **SAUCE SOJA SALÉE** & DE **PIMENT D'ESPELETTE**.

DANS UNE FOCACCIA MOELLEUSE

ÉTALER UNE COUCHE ÉPAISSE DE PESTO À LA CORIANDRE AVANT DE DISPOSER L'ŒUF DUR EN RONDELLES PUIS D'AJOUTER LES BROCOLIS CUITS & QUELQUES CACAHUÈTES ÉCRASÉES.

PESTO DE CORIANDRE, BROCOLI À L'ORANGE, ŒUF DUR & CACAHUÈTES

POUR LA SAUCE

DÉCOUPER UN MORCEAU DE **POTIMARRON** EN GROS DÉS AVANT DE LES FAIRE CUIRE À LA VAPEUR 15 BONNES MINUTES. LES MIXER ENSUITE AVEC 2 C.À S. DE **PURÉE D'AMANDES,** UN BEAU FILET D'HUILE D'OLIVE, 1 C.À C. DE **4 ÉPICES** & UNE PINCÉE DE FLEUR DE SEL.

POUR LA GARNITURE

AVEC LA MANDOLINE, DÉTAILLER DES LAMELLES DE **BUTTERNUT** LE PLUS FINEMENT POSSIBLE. LES FAIRE MARINER AVEC LES ZESTES & LE JUS D'1 PETIT **CITRON VERT**, DE LA FLEUR DE SEL & UN TRAIT D'HUILE D'OLIVE (ENVIRON 30 MIN).

DANS UNE BELLE BAGUETTE

GARNIR GÉNÉREUSEMENT AVEC LA PURÉE DE POTIMARRON AVANT D'AJOUTER QUELQUES TRANCHES DE **TOMME DE BREBIS** & DE BELLES LAMELLES DE BUTTERNUT MARINÉES. FINIR PAR QUELQUES FEUILLES DE **PERSIL** FRAIS & DES **NOISETTES** GROSSIÈREMENT CONCASSÉES.

PURÉE DE POTIMARRON, CARPACCIO DE BUTTERNUT, TOMME & NOISETTES

POUR LA SAUCE

PLACER DANS LE MIXEUR UNE POIGNÉE PLEINE DE **PERSIL** & UNE AUTRE DE **CORIANDRE**, UN DEMI-VERRE DE MÉLANGE DE **NOISETTES, AMANDES** & **GRAINES DE TOURNESOL**, DU SEL, UN GROS FILET D'HUILE D'OLIVE & LE JUS D'1/2 **CITRON VERT** (OU JAUNE). BIEN MIXER LE TOUT JUSQU'À OBTENIR UNE BELLE TEXTURE.

POUR LA GARNITURE

SALER, HUILER & RÔTIR D'ÉPAISSES TRANCHES DE **COURGE BLEUE** DANS UN FOUR PRÉCHAUFFÉ À 200 DEGRÉS (ENV. 30 GROSSES MINUTES). PRÉPARER LE DUKKAH PIMENTÉ EN MIXANT GROSSIÈREMENT UNE POIGNÉE D'**AMANDES**, UNE POIGNÉE DE **NOISETTES** & UNE DE **CACAHUÈTES** AVEC 1 C.À C. DE **PIMENT D'ESPELETTE**, UN PEU DE GRAINES DE **CUMIN** & DE LA FLEUR DE SEL.

DANS UN BON PAIN DE CAMPAGNE

COMMENCER PAR TARTINER LE PESTO AVEC GÉNÉROSITÉ AVANT DE GARNIR DE TRANCHES DE COURGE RÔTIE. AJOUTER ENSUITE DU FROMAGE **PROVOLONE** RÂPÉ (OU COUPÉ TRÈS FINEMENT) & DU DUKKAH PIMENTÉ. FINIR AVEC QUELQUES POUSSES D'**ÉPINARDS** FRAIS.

PESTO MIXTE, COURGE PROVOLONE, ÉPINARDS & DUKKAH PIMENTÉ

POUR LA SAUCE

MÉLANGER SIMPLEMENT (À LA CUILLÈRE) DES **ŒUFS DURS** COUPÉS EN PETITS MORCEAUX AVEC DU **FROMAGE BLANC** & DE LA **MOUTARDE**. (POUR 1 ŒUF, COMPTER 1 PETITE C.À C. DE MOUTARDE & 1 C.À S. DE FROMAGE BLANC). AJOUTER DU **CURRY** AU GOÛT AVEC UN FILET D'**HUILE DE SÉSAME** & UN PEU DE **SAUCE SOJA**.

POUR LA GARNITURE

DÉCOUPER DU **POIREAU** EN TRONÇONS ASSEZ FINS & LES CUIRE À LA VAPEUR PENDANT 10 À 15 MIN (VÉRIFIER LA CUISSON AVEC LA LAME D'UN COUTEAU, ILS DOIVENT ÊTRE BIEN TENDRES). LES ASSAISONNER AVEC UN FILET D'HUILE DE SÉSAME & UN PEU DE JUS DE **CITRON VERT** (OU DE **VINAIGRE DE RIZ**).

DANS UNE BELLE BAGUETTE

COMMENCER PAR GARNIR LE SANDWICH AVEC UNE BELLE COUCHE D'ŒUFS FAÇON MIMOSA, AJOUTER DES POIREAUX EN BELLE QUANTITÉ PUIS AJOUTER DE LA **CORIANDRE** FRAÎCHE & DES **CACAHUÈTES** GRILLÉES SALÉES.

ŒUFS AU CURRY, POIREAUX VAPEUR, CORIANDRE & CACAHUÈTES

POUR LA SAUCE

MIXER ENVIRON 200 G DE **PANAIS** BIEN CUITS AVEC 2 GOUSSES D'**AIL** & QUELQUES **GRAINS DE CORIANDRE** ÉCRASÉS (AU MORTIER OU AVEC LE PLAT DE LA LAME D'UN COUTEAU). AJOUTER 1 GROSSE C. À S. DE **PURÉE D'AMANDES**, DE LA FLEUR DE SEL & UN FILET D'HUILE D'OLIVE. MIXER JUSQU'À OBTENIR UNE BELLE TEXTURE.

POUR LA GARNITURE

DÉCOUPER DE JOLIES TRANCHES DE **COMTÉ** (PAS TROP JEUNE DE PRÉFÉRENCE ; 18 MOIS, C'EST BIEN) OU D'UN AUTRE FROMAGE DE CE TYPE. ÉQUEUTER UNE GROSSE POIGNÉE DE **CORIANDRE FRAÎCHE** AVANT DE L'ASSAISONNER D'UN SOUPÇON D'HUILE D'OLIVE & DE SEL.

DANS UNE BELLE BAGUETTE

ÉTALER UNE ÉPAISSE COUCHE DE PURÉE DE PANAIS AVANT DE GARNIR LE SANDWICH AVEC LES TRANCHES DE COMTÉ. AJOUTER ENSUITE LA CORIANDRE PRÉPARÉE & 2 OU 3 **ABRICOTS SECS** DÉCOUPÉS EN PETITS MORCEAUX.

PURÉE DE PANAIS À L'AIL, COMTÉ, CORIANDRE & ABRICOTS SECS

POUR LA SAUCE

MIXER ENVIRON 100 G DE **GORGONZOLA** AVEC LE MÊME POIDS DE **YAOURT** NATURE. AJOUTER GÉNÉREUSEMENT DU **POIVRE** (MAIS PAS DE SEL CAR LE FROMAGE EN CONTIENT DÉJÀ ASSEZ).

POUR LA GARNITURE

MANDOLINER FINEMENT DU **FENOUIL** AVANT DE L'ASSAISONNER D'UN PEU DE **VINAIGRE DE CIDRE**, D'HUILE D'OLIVE & DE FLEUR DE SEL. DÉTAILLER 1 PETITE **POIRE** EN LAMELLES, LES HUILER, LES POIVRER & LES CITRONNER LÉGÈREMENT POUR ÉVITER LEUR OXYDATION.

DANS UNE FOCACCIA MOELLEUSE

COMMENCER PAR ÉTALER LA SAUCE CRÉMEUSE AU GORGONZOLA, AJOUTER UNE POIGNÉE DE BRISURES DE **NOIX**, LE FENOUIL MARINÉ & LES LAMELLES DE POIRE. DISPOSER ENSUITE DES TRANCHES DE **BLEU D'AUVERGNE** (OU MÊME DE FOURME D'AMBERT) & QUELQUES FEUILLES D'**ÉPINARDS** FRAIS. FINIR AVEC DU POIVRE.

SAUCE GORGONZOLA, POIRE & FENOUIL, BLEU D'AUVERGNE & NOIX

POUR LA SAUCE

BIEN MÉLANGER 3 GROSSES C. À S. DE **FROMAGE BLANC** AVEC UN PEU DE FLEUR DE SEL, 1 C. À S. DE **MOUTARDE À L'ANCIENNE**, UN TRAIT DE **JUS DE CITRON** & UN BEAU FILET D'HUILE D'OLIVE. RÂPER UN BEAU MORCEAU DE **CÉLERI-RAVE** & LE LIER INTIMEMENT AVEC LA SAUCE REMOULIGHT. Y AJOUTER 1 PETITE **ÉCHALOTE** HACHÉE.

POUR LA GARNITURE

COUPER TOUT SIMPLEMENT DES PETITES TRANCHES DE **POIRE** & LES CITRONNER UN PEU POUR ÉVITER QU'ELLES NOIRCISSENT.

DANS UN BON PAIN DE CAMPAGNE

COMMENCER PAR PLACER UNE BELLE ÉPAISSEUR DE CÉLERI REMOULIGHT PUIS RECOUVRIR AVEC QUELQUES TRANCHES DE **TOMME DE BREBIS** & DES LAMELLES DE **POIRE**. FINIR EN AJOUTANT DES **GRAINES DE COURGE** & DU **PERSIL** FRAIS.

CÉLERI REMOULIGHT, TOMME DE BREBIS, POIRE & GRAINES DE COURGE

POUR LA SAUCE

MIXER ENVIRON 200 G DE **POIS CHICHES** CUITS (UN BOCAL, C'EST PARFAIT) AVEC 1 GROSSE C. À S. DE **TAHINI**, 1 GOUSSE D'**AIL**, DE LA FLEUR DE SEL & 1 FILET D'HUILE D'OLIVE. GOÛTER AVANT DE RÉASSAISONNER & AJUSTER LA TEXTURE AVEC UN PEU D'EAU SI NÉCESSAIRE. DÉCOUPER GROSSIÈREMENT UNE DIZAINE DE **CHÂTAIGNES** CUITES (SOUS VIDE OU EN BOCAL) & LES MÉLANGER SIMPLEMENT AU HOUMOUS AVEC QUELQUES TOURS DE **POIVRE FUMÉ**.

POUR LA GARNITURE

CUIRE DU **BUTTERNUT** EN TRANCHES (AU FOUR OU À LA VAPEUR) & L'ASSAISONNER AVEC UN PEU D'HUILE D'OLIVE, DE FLEUR DE SEL & DE **NOIX DE MUSCADE** FRAÎCHEMENT RÂPÉE. CUIRE UN **ŒUF** DUR PENDANT 9 MIN.

DANS UNE BELLE BAGUETTE

ÉTALER UNE GROSSE COUCHE DE HOUMOUS AUX CHÂTAIGNES AVANT D'AJOUTER DESSUS LE BUTTERNUT, DES RONDELLES D'ŒUF DUR & DU **FROMAGE BLEU** ÉMIETTÉ. FINIR AVEC DES **NOISETTES** GROSSIÈREMENT CONCASSÉES & UN PEU DE POIVRE FUMÉ EN BONUS.

HOUMOUS AUX CHÂTAIGNES, BUTTERNUT À LA MUSCADE, FROMAGE BLEU & NOISETTES

POUR LA SAUCE

CUIRE QUELQUES **PANAIS** AU FOUR OU À LA VAPEUR JUSQU'À CE QUE LE COUTEAU PÉNÈTRE FACILEMENT DEDANS. MIXER ENSUITE AVEC DE L'HUILE D'OLIVE, UN PEU DE **PURÉE D'AMANDES,** DU SEL & BEAUCOUP DE **POIVRE** AU GOÛT.

POUR LA GARNITURE

COUPER UNE **PATATE DOUCE** EN TRANCHES D'1 BON CM D'ÉPAISSEUR AVANT DE LES CUIRE À LA VAPEUR UNE DIZAINE DE MINUTES. LES ASSAISONNER ENCORE CHAUDES AVEC DU SEL, DE L'HUILE D'OLIVE & DU **QUATRE ÉPICES**.

DANS UNE BELLE BAGUETTE

TARTINER LA PURÉE DE PANAIS AU POIVRE SUR LA LONGUEUR DE LA BAGUETTE PUIS DISPOSER LES MORCEAUX DE PATATE DOUCE. AJOUTER DE FINES TRANCHES DE **FOURME** AVANT D'ÉMIETTER UN PEU DE **PAIN D'ÉPICES** DESSUS AVEC QUELQUES **NOIX** CONCASSÉES.

PURÉE DE PANAIS POIVRÉE, PATATE DOUCE, FOURME, NOIX & PAIN D'ÉPICES

POUR LA SAUCE

MÉLANGER SIMPLEMENT 2 GROSSES C.À S. DE **MOUTARDE À L'ANCIENNE** AVEC 1 C.À S. DE **MOUTARDE DE DIJON** & UNE AUTRE DE **TAHINI**.

POUR LA GARNITURE

DÉCOUPER DES LAMELLES DE **CHOU ROUGE** & LES CUIRE À LA VAPEUR PENDANT ENVIRON 15 MIN. LES ASSAISONNER AVEC UN PEU DE FLEUR DE SEL & DU **VINAIGRE DE POMME**. PRENDRE 1 **POMME** (PAS TROP ACIDE) & LA DÉCOUPER ÉGALEMENT (MÊME PAS BESOIN DE L'ÉPLUCHER) AVANT DE LA CUIRE 5-10 MIN.

DANS UN BON PAIN DE CAMPAGNE

ÉTALER LA SAUCE MOUTARDÉE EN COUCHE ASSEZ FINE AVANT DE DISPOSER QUELQUES TRANCHES D'UN BON **BRIE**. AJOUTER DES MORCEAUX DE CHOU ROUGE & DE POMME. FACULTATIF MAIS PLUTÔT DÉLICIEUX: AJOUTER 1 C.À S. DE **PICKLES DE GRAINES DE MOUTARDE**.

SAUCE AUX 2 MOUTARDES, BRIE, CHOU ROUGE & POMME

POUR LA SAUCE

CUIRE (VAPEUR, C'EST LE PLUS SIMPLE) 1 GROSSE **PATATE DOUCE** DÉCOUPÉE EN MORCEAUX JUSQU'À CE QU'ELLE SOIT BIEN FONDANTE & SANS RÉSISTANCE AU COUTEAU. LA MIXER AVEC DE L'HUILE D'OLIVE, DE LA FLEUR DE SEL & 1 PETITE **ÉCHALOTE**.

POUR LA GARNITURE

MANDOLINER FINEMENT DE L'**OIGNON ROUGE** AVANT DE LE MOUILLER AVEC UN MÉLANGE DE **BALSAMIQUE** & DE **VINAIGRE DE RIZ** (AVEC UNE PINCÉE DE SEL) PENDANT MINIMUM 30 MIN. PENDANT CE TEMPS, PRÉPARER QUELQUES FEUILLES DE **CHOU KALE** EN ENLEVANT LA TIGE CENTRALE AVANT DE LES CUIRE UNE DIZAINE DE MINUTES. SALER, HUILER & ENROBER AVEC LE JUS D'1 **ORANGE**. BIEN MÉLANGER LE TOUT EN MASSANT LES FEUILLES AVEC LES MAINS POUR RÉPARTIR L'ASSAISONNEMENT.

DANS UN BON PAIN DE CAMPAGNE

COMMENCER PAR UNE COUCHE DE PURÉE DE PATATE DOUCE PUIS RÉPARTIR LES FEUILLES DE CHOU KALE À L'ORANGE. AJOUTER ENSUITE UN PEU DE **FETA** & DES LAMELLES D'OIGNON ROUGE.

PURÉE DE PATATE DOUCE, CHOU KALE, FETA & PICKLES D'OIGNON ROUGE

POUR LA SAUCE

MIXER UN BOCAL D'**OLIVES NOIRES** (DE BONNE QUALITÉ) AVEC LE JUS D'1/2 **ORANGE** & UN BEAU FILET D'HUILE D'OLIVE (NE SURTOUT PAS AJOUTER DE SEL CAR LES OLIVES SUFFISENT).

POUR LA GARNITURE

AVEC LA MANDOLINE, DÉTAILLER UN BEAU **PANAIS** EN LAMELLES BIEN FINES AVANT DE LES ASSAISONNER AVEC UN PEU D'HUILE D'OLIVE, DE **THYM** & UN GÉNÉREUX FILET DE **VERJUS**. LAISSER MARINER TRANQUILLEMENT JUSQU'AU MOMENT DE L'ASSEMBLAGE DU SANDWICH. CUIRE 1 ŒUF MOLLET (ENVIRON 6 MIN).

DANS UNE FOCACCIA MOELLEUSE

ÉTALER LA TAPENADE EN COUCHE ASSEZ FINE (ÇA PERMET D'ÉVITER QUE L'ÉQUILIBRE FINAL DU SANDWICH PENCHE TROP VERS LE SEL). AJOUTER ENSUITE L'ŒUF SIMPLEMENT COUPÉ EN MORCEAUX PUIS LE PANAIS MARINÉ. FINIR PAR UNE BONNE POIGNÉE DE **POUSSES D'ÉPINARDS** JUSTE LÉGÈREMENT CITRONNÉES.

TAPENADE À L'ORANGE, PANAIS MARINÉ, ŒUF MOLLET & POUSSES D'ÉPINARDS

POUR LA SAUCE

CHOISIR UNE BONNE **MOUTARDE DE MEAUX**.

POUR LA GARNITURE

DANS UNE POÊLE BIEN CHAUDE, VERSER UN PEU D'HUILE D'OLIVE & Y FAIRE SAUTER DES **CHAMPIGNONS SHIITAKES** (DE PARIS À DÉFAUT) COUPÉS EN 4 AVEC UN PEU DE FLEUR DE SEL. LES DÉBARRASSER & LES LAISSER REFROIDIR AVANT DE LES MÉLANGER AVEC QUELQUES BRINS DE **CIBOULETTE** FRAÎCHE CISELÉE.

DANS UNE BELLE BAGUETTE

TARTINER LE PAIN AVEC LA MOUTARDE, GARNIR AVEC QUELQUES FEUILLES D'**ENDIVE** CRUE & 2 OU 3 TRANCHES DE **COMTÉ** JEUNE. AJOUTER LA GARNITURE DE CHAMPIGNONS & QUELQUES CERNEAUX DE **NOIX** CONCASSÉS.

MOUTARDE DE MEAUX, ENDIVES & COMTÉ JEUNE, CHAMPIGNONS-CIBOULETTE

SANDWICHS FLEXITARIENS

POUR LA SAUCE

DÉCOUPER EN TRONÇONS QUELQUES **ASPERGES VERTES** CUITES À LA VAPEUR & LES MÉLANGER AVEC 1 ŒUF DUR HACHÉ, 1 GROSSE C. À S. DE **YAOURT GREC** & 1 C. À C. DE **MOUTARDE**. ASSAISONNER DE SEL & DE POIVRE AU GOÛT.

POUR LA GARNITURE

DÉCOUPER DES **RADIS ROSES** EN RONDELLES AVANT DE LES LIER AVEC DE L'HUILE D'OLIVE, UN FILET DE JUS DE **CITRON**, DE LA FLEUR DE SEL & UNE JOLIE POIGNÉE D'**ANETH** HACHÉE.

DANS UN BON PAIN DE CAMPAGNE

METTRE UNE ÉPAISSE COUCHE DU MÉLANGE D'ASPERGE AUX ŒUFS AVANT D'AJOUTER LES RADIS & 2 BELLES TRANCHES DE **MORTADELLE**.

SALADE D'ŒUF DUR AUX ASPERGES VERTES, RADIS & MORTADELLE

POUR LA SAUCE

MIXER UNE GRANDE TASSE DE **PETITS POIS** AVEC DE L'HUILE D'OLIVE, DE LA FLEUR DE SEL & QUELQUES FEUILLES DE **MENTHE** & DE **PERSIL**.

POUR LA GARNITURE

COUPER DE BELLES RONDELLES DE **CAROTTES** & LES CUIRE À LA VAPEUR PENDANT ENVIRON 10 MIN AVANT D'ASSAISONNER D'UN PEU D'HUILE, DE SEL & DE **PIMENT D'ESPELETTE**.

DANS UNE BELLE BAGUETTE

TARTINER LA PURÉE DE PETITS POIS EN COUCHE BIEN ÉPAISSE AVANT D'AJOUTER LES CAROTTES & DES MORCEAUX DE **BOUDIN NOIR**. FINIR AVEC QUELQUES FEUILLES DE PERSIL.

PURÉE DE PETITS POIS, CAROTTES, BOUDIN NOIR & PERSIL FRAIS

POUR LA SAUCE

RÂPER ENVIRON 100 G DE **PARMESAN** PUIS LE MÉLANGER AVEC LE MÊME POIDS DE **YAOURT**, PAS MAL DE **POIVRE** & UN PEU D'HUILE D'OLIVE.

POUR LA GARNITURE

MANDOLINER 1 BEAU BULBE DE **FENOUIL** AVANT DE LE FAIRE MARINER AVEC DE L'HUILE D'OLIVE, LE JUS & LES ZESTES D'1 **CITRON**, UNE PINCÉE DE FLEUR DE SEL & UN MÉLANGE D'HERBES SÈCHES (**THYM**, **ORIGAN**, **ROMARIN**).

DANS UN BON PAIN DE CAMPAGNE

TARTINER LA SAUCE AU PARMESAN EN UNE ÉPAISSEUR GOURMANDE AVANT D'AJOUTER 1 OU 2 TRANCHES DE **RÔTI DE VEAU** & UNE GÉNÉREUSE QUANTITÉ DE FENOUIL MARINÉ. FINIR AVEC DES MORCEAUX DE PARMESAN.

SAUCE PARMESAN, NOIX DE VEAU & FENOUIL

POUR LA SAUCE

ASSAISONNER DU **LABNEH** (P. 26) OU DU YAOURT GREC AVEC LE JUS & LES ZESTES D'1 **CITRON** & UNE PINCÉE DE **SUMAC**. (POUR DU YAOURT GREC, AJOUTER UN PEU DE FLEUR DE SEL & D'HUILE D'OLIVE AU GOÛT).

POUR LA GARNITURE

CUIRE DES FLEURETS DE **CHOU-FLEUR** À LA VAPEUR PENDANT ENVIRON 10 MIN AVANT DE LES ASSAISONNER DE SEL & DE POIVRE. LES LIER AVEC UN PEU DE **POULET RÔTI** EFFILOCHÉ (EN PROPORTION ÉGALE), UN BON FILET D'HUILE D'OLIVE & QUELQUES **DATTES** & **AMANDES**.

DANS UNE FOCACCIA MOELLEUSE

TARTINER GÉNÉREUSEMENT LE LABNEH SUR LA TRANCHE INFÉRIEURE AVANT D'AJOUTER PAR-DESSUS LE MÉLANGE DE POULET & CHOU-FLEUR. POUR FINIR, GARNIR D'UNE GROSSE POIGNÉE DE FEUILLES DE **BASILIC** & D'**OSEILLE** FRAÎCHES.

LABNEH CITRONNÉ, POULET RÔTI, CHOU-FLEUR, DATTES & AMANDES

POUR LA SAUCE

DÉTAILLER DU **BEURRE** (MIS À TEMPÉRATURE AMBIANTE) AVANT DE LE MÉLANGER AVEC DE LA **MENTHE** FINEMENT CISELÉE & DE LA FLEUR DE SEL (SAUF SI LE BEURRE EST DÉJÀ SALÉ). BIEN MALAXER L'ENSEMBLE AVEC LES MAINS POUR OBTENIR UNE RÉPARTITION HOMOGÈNE.

POUR LA GARNITURE

TRANCHER 1 GROSSE **TOMATE** AVANT DE LA PARSEMER DE FLEUR DE SEL. AJOUTER UN PEU D'HUILE D'OLIVE & DE **BALSAMIQUE** AU GOÛT. MANDOLINER 1 **COURGETTE** EN FINS RUBANS & LES FAIRE MARINER AVEC UN PEU DE JUS DE **CITRON**, 1 PETITE GOUSSE **D'AIL** ÉCRASÉE, DE L'HUILE D'OLIVE & DE LA FLEUR DE SEL.

DANS UNE BELLE BAGUETTE

COMMENCER PAR ÉTALER UNE JOLIE COUCHE DE BEURRE PARFUMÉ, AJOUTER ENSUITE DES TRANCHES DE TOMATES & DES LAMELLES DE COURGETTE. GARNIR AVEC DU BON **JAMBON BLANC** & QUELQUES FEUILLES DE MENTHE.

BEURRE À LA MENTHE, JAMBON BLANC, TOMATES & COURGETTES MARINÉES

POUR LA SAUCE

ÉCRASER GROSSIÈREMENT À LA FOURCHETTE LES **SARDINES** D'UNE CONSERVE AU NATUREL. LES MÉLANGER ENSUITE DÉLICATEMENT AVEC 1 C.À S. DE **FROMAGE BLANC**, 1 PETITE GOUSSE D'**AIL** ÉCRASÉE, UN FILET D'HUILE D'OLIVE & LES ZESTES D'1 **CITRON VERT**.

POUR LA GARNITURE

COUPER DES LAMELLES DE **CAROTTES** À L'AIDE DE LA MANDOLINE AVANT DE LES MÉLANGER AVEC UN FILET D'HUILE D'OLIVE, LE JUS DU CITRON VERT, UNE PINCÉE DE FLEUR DE SEL & QUELQUES LAMELLES D'**OIGNON ROUGE**.

DANS UNE BELLE BAGUETTE

ÉTALER 2 GROSSES C.À S. DE LA PRÉPARATION AUX SARDINES. AJOUTER UNE BELLE QUANTITÉ DE CAROTTES AVANT DE COMPLÉTER AVEC UN MÉLANGE DE **PERSIL** ET DE **CORIANDRE** HUILÉ & ASSAISONNÉ DE QUELQUES **GRAINES DE CUMIN**.

SARDINES EN RILLETTES, CAROTTES AU CITRON VERT, SALADE D'HERBES AU CUMIN

POUR LA SAUCE

MIXER ENVIRON 200 G DE BONNES **OLIVES VERTES** (L'ÉQUIVALENT D'UN BOCAL) AVEC UN PETIT QUARTIER DE **CITRON CONFIT**, 1 C. À S. D'HUILE D'OLIVE & 1 C. À C. DE **MIEL**. RÉAJUSTER LA TEXTURE AVEC DU **TAHINI**.

POUR LA GARNITURE

PARER UNE PLEINE POIGNÉE DE **HARICOTS VERTS** & LES CUIRE À LA VAPEUR UNE DIZAINE DE MINUTES. LES MÉLANGER ENSUITE AVEC UN RESTE DE **POULET** CUIT & EFFILOCHÉ, DES PETITS MORCEAUX D'**ABRICOT** (FRAIS OU SEC SI JAMAIS), DE LA FLEUR DE SEL, DE L'HUILE D'OLIVE & UNE POIGNÉE D'**AMANDES** HACHÉES. AJOUTER POUR FINIR DU JUS DE CITRON, UN PEU DE POIVRE & DE **ZAATAR**. BIEN MÉLANGER.

DANS UN BON PAIN DE CAMPAGNE

TARTINER SIMPLEMENT LA TAPENADE AVANT D'AJOUTER UNE GÉNÉREUSE QUANTITÉ DE LA PRÉPARATION AU POULET & AUX HARICOTS.

TAPENADE VERTE, POULET RÔTI, HARICOTS VERTS, ABRICOTS & AMANDES

POUR LA SAUCE

AU FOUET, PRÉPARER UNE MAYONNAISE (P. 22) EN MONTANT 1 **JAUNE D'ŒUF** AVEC 1 C. À C. DE **MOUTARDE** & 15-20 CL D'**HUILE DE COLZA** (OU DE TOURNESOL). SALER AU GOÛT. HACHER DES **ŒUFS DURS**. CISELER FINEMENT UNE BOTTE DE **CIBOULETTE** & UN BOUQUET D'**ANETH**. LIER LE TOUT DÉLICATEMENT AVEC LA MAYONNAISE. RÉASSAISONNER SI BESOIN.

POUR LA GARNITURE

CHOISIR UN **JAMBON BLANC** DE QUALITÉ CAR IL CONSTITUE LA MAJORITÉ DE LA GARNITURE.

DANS UNE BELLE BAGUETTE

GARNIR AVEC UNE ÉPAISSE COUCHE D'ŒUFS MIMOSA AUX HERBES. AJOUTER LE JAMBON TRANCHÉ & UNE GROSSE POIGNÉE DE **MESCLUN**.

ŒUFS MIMOSA AUX HERBES, JAMBON BLANC & MESCLUN

POUR LA SAUCE

CUIRE DES **CAROTTES** COUPÉES EN RONDELLES PENDANT 15-20 MIN (IL FAUT QU'ELLES SOIENT BIEN TENDRES) AVANT DE LES MIXER AVEC UN PEU DE **THYM** & UN GROS FILET D'HUILE D'OLIVE. ASSAISONNER DE FLEUR DE SEL AU GOÛT.

POUR LA GARNITURE

COUPER DE GROS CUBES D'**AUBERGINE** AVANT DE LES CUIRE (AU FOUR OU À LA VAPEUR) JUSQU'À CE QU'ELLES SOIENT FONDANTES. LES LAISSER TIÉDIR UN MINIMUM AVANT DE LES MÉLANGER AVEC DES RESTES DE **POULET** CUIT EFFILOCHÉ, DES **TOMATES SÉCHÉES** À L'HUILE & UNE POIGNÉE DE FEUILLES DE **ROQUETTE**. ENROBER LE TOUT D'UN PEU D'HUILE D'OLIVE. ASSAISONNER DE SEL & DE **POIVRE FUMÉ**.

DANS UN BON PAIN DE CAMPAGNE

TARTINER LA PURÉE DE CAROTTES SUR LA TRANCHE INFÉRIEURE & AJOUTER PAR-DESSUS LA GARNITURE AU POULET. ÉMIETTER UN PEU DE **FETA** AVANT DE REFERMER LE SANDWICH.

PURÉE DE CAROTTE, POULET RÔTI, AUBERGINE TOMATES SÉCHÉES & FETA

POUR LA SAUCE

À LA FOURCHETTE, MÉLANGER DÉLICATEMENT UN BON BOCAL DE **THON** AU NATUREL (OU AU CITRON) AVEC 1 **ŒUF DUR** HACHÉ, 1 C. À S. DE **FROMAGE BLANC**, QUELQUES **PETITES CÂPRES**, LE JUS & LE ZESTE D'1 **CITRON JAUNE**, UN PEU DE SEL & UN BEAU FILET D'HUILE D'OLIVE.

POUR LA GARNITURE

MANDOLINER 1 GROSSE **COURGETTE** EN FINS RUBANS AVANT DE LES FAIRE MARINER DANS UNE GÉNÉREUSE DOSE DE **JUS DE CITRON** AVEC 1 GOUSSE D'**AIL** ÉCRASÉE, UNE PINCÉE DE FLEUR DE SEL & UN FILET D'HUILE D'OLIVE.

DANS UNE FOCACCIA MOELLEUSE

COMMENCER PAR ÉTALER LA PRÉPARATION AU THON AVANT D'AJOUTER UNE BONNE COUCHE DE COURGETTES MARINÉES. AJOUTER ENSUITE DE BEAUX COPEAUX D'UN **PARMESAN** AFFINÉ & DES **GROSSES CÂPRES** COUPÉES EN 4. POIVRER.

TONNATO AUX CÂPRES, COURGETTES & PARMESAN

POUR LA SAUCE

COMMENCER PAR MIXER 1 GROSSE C.À S. DE **GRAINES DE CUMIN** AVANT D'AJOUTER 200G DE **POIS CHICHES** CUITS, 1 OU 2 C.À S. DE **TAHINI**, UN PEU DE FLEUR DE SEL & UN FILET D'HUILE D'OLIVE. MIXER L'ENSEMBLE JUSQU'À OBTENIR UNE TEXTURE ASSEZ CRÉMEUSE.

POUR LA GARNITURE

CUIRE DES RONDELLES DE **CAROTTES** À LA VAPEUR UNE DIZAINE DE MINUTES AVANT DE LES ASSAISONNER DE SEL & D'HUILE D'OLIVE PUIS DE LES MÉLANGER AVEC DU **POULET** CUIT EFFILOCHÉ, DE GROS MORCEAUX DE **PRUNEAUX** MOELLEUX & D'**HERBES FRAÎCHES** CISELÉES (UN MIX DE CORIANDRE, DE PERSIL & DE MENTHE).

DANS UNE BELLE BAGUETTE

TARTINER UNE BELLE ÉPAISSEUR DE HOUMOUS AVANT D'AJOUTER LE MÉLANGE DE POULET AUX CAROTTES EN GÉNÉREUSE QUANTITÉ.

HOUMOUS AU CUMIN, POULET & CAROTTES AUX PRUNEAUX & AUX HERBES

POUR LA SAUCE

PRÉPARER UNE MAYONNAISE (RECETTE P. 22) EN FOUETTANT 1 **JAUNE D'ŒUF** AVEC 1 C. À C. DE **MOUTARDE** & EN AJOUTANT 15-20 CL D'**HUILE DE TOURNESOL** LENTEMENT & EN UN FIN FILET CONTINU. UNE FOIS BIEN MONTÉE, Y AJOUTER LE JUS & LES ZESTES D'1 PETIT **CITRON VERT**. GOÛTER PUIS SALER & POIVRER AU GOÛT.

POUR LA GARNITURE

CHOISIR UN **RÔTI DE VEAU** (AUX HERBES, C'EST ENCORE MEILLEUR) DE QUALITÉ. PRÉPARER UNE SALADE D'HERBES FRAÎCHES EN MÉLANGEANT UNE POIGNÉE DE **PERSIL** AVEC UNE AUTRE DE **CERFEUIL**, 1 C. À C. D'**ORIGAN**, UNE PINCÉE DE **FLOCONS DE PIMENT**. AJOUTER 1 PETITE GOUSSE D'**AIL** HACHÉE, SALER & LIER LE TOUT AVEC DE L'HUILE D'OLIVE & DU JUS DE **CITRON**.

DANS UN BON PAIN DE CAMPAGNE

TARTINER LA MAYONNAISE AU CITRON VERT & DISPOSER DESSUS 1 OU 2 TRANCHES DE RÔTI DE VEAU. GARNIR AVEC LA SALADE D'HERBES BIEN ASSAISONNÉE & REFERMER LE SANDWICH.

MAYO AU CITRON VERT, RÔTI DE VEAU, SALADE D'HERBES CHIMICHURRI

POUR LA SAUCE

MÉLANGER DÉLICATEMENT 3 GROSSES C. À S. D'UN **TAHINI** BIEN CRÉMEUX AVEC LE JUS D'1/2 **CITRON** & 1 GOUSSE D'**AIL** ÉCRASÉE. ATTENTION À NE PAS MÉLANGER DE FAÇON TROP ÉNERGIQUE POUR ÉVITER QUE LA SAUCE ÉPAISSISSE (NE PAS HÉSITER À LA DÉLIER AVEC UN PETIT PEU D'EAU SI NÉCESSAIRE). SALER.

POUR LA GARNITURE

DÉTAILLER DU **CHOU-FLEUR** EN FLEURETS AVANT DE LES CUIRE À LA VAPEUR 10 PETITES MINUTES. LES ASSAISONNER ENSUITE AVEC UN PEU DE **JUS DE CITRON**, DE FLEUR DE SEL, D'HUILE D'OLIVE & DE **POIVRE DE TIMUT**.

DANS UN BON PAIN DE CAMPAGNE

ÉTALER 1 C. À S. DE SAUCE AU TAHINI. ÉMIETTER DESSUS UNE BONNE CONSERVE DE **MAQUEREAU** (AU NATUREL OU AU CITRON). AJOUTER LE **CHOU-FLEUR**, QUELQUES GRAINS DE **GRENADE** FRAÎCHE & DES **NOIX DE CAJOU**.

TAHINI AILLÉ, MAQUEREAU, CHOU-FLEUR & GRENADE

POUR LA SAUCE

MÉLANGER GENTIMENT UN BOCAL DE **THON** (AU NATUREL) AVEC 1 GROSSE C.À S. DE **FROMAGE BLANC** (DE BREBIS DE PRÉFÉRENCE), LE JUS D'1 CITRON, QUELQUES TOURS DE MOULIN À POIVRE, UN PEU D'HUILE D'OLIVE & UNE BELLE PINCÉE DE FLEUR DE SEL.

POUR LA GARNITURE

ASSAISONNER ENVIRON 200 G DE **HARICOTS BLANCS** CUITS AVEC LE JUS & LES ZESTES D'1 GROSSE **ORANGE**, DE L'HUILE D'OLIVE, DU **PERSIL** (PLAT) FRAIS BIEN CISELÉ, 1 GOUSSE D'**AIL** HACHÉE & UNE PINCÉE DE FLEUR DE SEL.

DANS UNE BELLE BAGUETTE

ÉTALER LA PRÉPARATION AU THON EN UNE ÉPAISSEUR GÉNÉREUSE. BIEN GARNIR AVEC LE MÉLANGE DE HARICOTS BLANCS ASSAISONNÉS AVANT D'AJOUTER DES COPEAUX DE **PECORINO** & UNE BELLE POIGNÉE DE GRAINS DE **GRENADE**.

THON, HARICOTS BLANCS GREMOLATA, COPEAUX DE PECORINO & GRENADE

POUR LA SAUCE

ASSAISONNER DU **LABNEH** (P. 26) OU DU YAOURT GREC AVEC UNE BONNE QUANTITÉ DE **POIVRE FUMÉ** FRAÎCHEMENT MOULU. (POUR DU YAOURT GREC, AJOUTER UN PEU DE FLEUR DE SEL & D'HUILE D'OLIVE AU GOÛT).

POUR LA GARNITURE

PRÉPARER DU **BUTTERNUT** & DU **POTIMARRON** EN GROS DÉS (PAS BESOIN DE LES ÉPLUCHER). LES CUIRE À LA VAPEUR (10 MIN) OU AU FOUR (20 MIN) AVANT DE LES MÉLANGER AVEC DU **POULET RÔTI** EFFILOCHÉ, DE L'**OIGNON ROUGE** FINEMENT COUPÉ (À LA MANDOLINE, C'EST MIEUX) & UNE GÉNÉREUSE DOSE DE **PERSIL** FRAIS. LIER TOUS LES INGRÉDIENTS AVEC UN PEU DE **BALSAMIQUE** & UN BEAU FILET D'HUILE D'OLIVE. GOÛTER & AJUSTER EN FLEUR DE SEL.

DANS UNE FOCACCIA MOELLEUSE

TARTINER 3 GROSSES C. À S. DE LABNEH AU POIVRE AVANT DE COMPLÉTER LA FOCACCIA AVEC LA PRÉPARATION POULET-COURGES.

LABNEH AU POIVRE FUMÉ, POULET, COURGES, OIGNON ROUGE & PERSIL

POUR LA SAUCE

MIXER 3 GROSSES POIGNÉES DE **ROQUETTE** AVEC UNE AUTRE D'**ÉPINARDS** FRAIS, 1 GOUSSE D'**AIL** ÉCRASÉE, UN DEMI-VERRE DE **NOIX**, LE ZESTE & LE JUS D'1 PETIT **CITRON**, DU SEL & DU **POIVRE** AU GOÛT, DE L'HUILE D'OLIVE. MIXER PAR À-COUPS (& RACLER LES BORDS) JUSQU'À OBTENIR UNE BELLE CONSISTANCE.

POUR LA GARNITURE

FAIRE TRANCHER FINEMENT DU **JAMBON BLANC** & CHOISIR UN **COMTÉ** FRUITÉ QUI NE SOIT PAS TROP JEUNE. EN COUPER QUELQUES TRANCHES.

DANS UN BON PAIN DE CAMPAGNE

BIEN TARTINER LA TRANCHE INFÉRIEURE AVEC LE PESTO AVANT D'AJOUTER LE JAMBON & LE COMTÉ. FINIR AVEC 2 OU 3 TOURS DE MOULIN À POIVRE & QUELQUES FEUILLES DE ROQUETTE.

PESTO NOIX – ROQUETTE, JAMBON BLANC & COMTÉ

POUR LA SAUCE

MIXER ENVIRON 100-150 G DE **SOUBRESSADE** AVEC 1 GROSSE C. À S. DE **PURÉE D'AMANDE** & LES PLUCHES D'1 **FENOUIL**. NE PAS SALER. MIXER DE NOUVEAU EN AJOUTANT DU **YAOURT** JUSQU'À OBTENIR UNE SAUCE ASSEZ SOUPLE.

POUR LA GARNITURE

COUPER 1 GROS **PANAIS** EN RONDELLES (LES RECOUPER ELLES-MÊMES EN 2 SI NÉCESSAIRE). LES CUIRE À LA VAPEUR PENDANT 5-10 MIN & LES ASSAISONNER D'UN PEU DE SEL & D'UN FILET D'HUILE D'OLIVE. MANDOLINER LE BULBE DU **FENOUIL** BIEN FINEMENT AVANT DE LE HUILER & DE LE CITRONNER LÉGÈREMENT.

DANS UNE BELLE BAGUETTE

COMMENCER PAR ÉTALER (DANS UNE COUCHE PAS TROP ÉPAISSE) LA CRÈME DE SOUBRESSADE. AJOUTER DES RONDELLES DE PANAIS CUITS AVANT LE FENOUIL FRAIS BIEN CROQUANT. FINIR AVEC QUELQUES **AMANDES** CONCASSÉES.

CRÈME DE SOUBRESSADE, PANAIS CUIT, FENOUIL MARINÉ & AMANDES

POUR LA SAUCE

MÉLANGER 1 GROSSE C.À.S. DE **MOUTARDE À L'ANCIENNE** AVEC UNE AUTRE DE **MOUTARDE FINE** & UNE DERNIÈRE DE **TAHINI**. AJOUTER UN PETIT FILET DE **VINAIGRE DE CIDRE** EN BONUS.

POUR LA GARNITURE

BIEN NETTOYER SOUS L'EAU CLAIRE QUELQUES **TOPINAMBOURS** & UN **POIREAU** AVANT DE LES DÉCOUPER EN MORCEAUX DE TAILLE HONNÊTE. LES CUIRE À LA VAPEUR PENDANT 15 À 20 MIN PUIS LES LAISSER UN PEU REFROIDIR AVANT DE LES MÉLANGER AVEC DU **POULET** EFFILOCHÉ, BEAUCOUP D'**ANETH** FRAÎCHEMENT CISELÉ, UN PEU DE **PIMENT D'ESPELETTE**, UN FILET D'HUILE D'OLIVE & UNE BONNE PINCÉE DE FLEUR DE SEL.

DANS UN BON PAIN DE CAMPAGNE

TARTINER UNE COUCHE ASSEZ FINE DE SAUCE À LA MOUTARDE PUIS GARNIR LE SANDWICH AVEC LA PRÉPARATION DE POULET À L'ANETH.

MOUTARDE AU TAHINI, POULET, TOPINAMBOURS & POIREAU À L'ANETH

POUR LA SAUCE

MIXER ENVIRON 200 G DE **HARICOTS BLANCS** AVEC 1 GROSSE C. À S. DE **TAHINI**, LE JUS D'1 **CITRON**, 1 GOUSSE D'**AIL** ÉCRASÉE, UNE PINCÉE DE SEL & UN FILET D'HUILE D'OLIVE.

POUR LA GARNITURE

COUPER DES **CHOUX DE BRUXELLES** (EN 2 OU EN 4 EN FONCTION DE LEUR CALIBRE) & LES CUIRE À LA VAPEUR UNE DIZAINE DE MINUTES. LES SALER & LES LIER AVEC DE L'HUILE D'OLIVE. LES AGRÉMENTER DE **NOISETTES** CONCASSÉES & DE QUELQUES TOURS DE MOULIN À POIVRE

DANS UNE BELLE BAGUETTE

TARTINER BIEN GÉNÉREUSEMENT LE HOUMOUS DE HARICOTS BLANCS AVANT D'AJOUTER LES CHOUX DE BRUXELLES & QUELQUES TRANCHES DE **JAMBON SERRANO** EN FINE CHIFFONNADE.

HOUMOUS BLANC, CHOUX DE BRUXELLES, SERRANO & NOISETTES

POUR LA SAUCE

DÉSHABILLER QUELQUES GOUSSES D'**AIL** & LES BLANCHIR À L'EAU BOUILLANTE PENDANT 1 MIN. LES LAISSER REFROIDIR AVANT DE LES MIXER AVEC 150 G DE **YAOURT GREC** (UN POT), UN TRAIT D'HUILE D'OLIVE, UNE PINCÉE DE FLEUR DE SEL, DU **POIVRE** & DU **PECORINO** RÂPÉ.

POUR LA GARNITURE

COUPER DES PETITES **POMMES DE TERRE** (DES GRENAILLES PAR EX.) EN TRANCHES RÉGULIÈRES & LES CUIRE UNE DIZAINE DE MINUTES À LA VAPEUR (JUSQU'À CE QU'ELLES SOIENT ASSEZ TENDRES TOUT EN SE TENANT ENCORE BIEN). LES ASSAISONNER D'UNE PINCÉE DE FLEUR DE SEL & D'UN GÉNÉREUX FILET D'**HUILE DE COLZA**. À L'AIDE DE LA MANDOLINE, RÂPER FINEMENT QUELQUES **CHOUX DE BRUXELLES** & LES FAIRE MARINER AVEC LE JUS D'1 PETITE **ORANGE**, DE L'HUILE D'OLIVE & DU **PIMENT D'ESPELETTE**. MÉLANGER LES POMMES DE TERRE & LES CHOUX AVEC UN RESTE DE **POULET RÔTI** EFFILOCHÉ.

DANS UNE BELLE BAGUETTE

ÉTALER LA CRÈME D'AIL, AJOUTER LE POULET AUX LÉGUMES & DES COPEAUX DE PECORINO.

CRÈME D'AIL, POULET RÔTI, GRENAILLES & CHOUX DE BRUXELLES À L'ORANGE

POUR LA SAUCE

MIXER ENVIRON 200 G DE **YAOURT NATURE** AVEC 100 G DE **GORGONZOLA**, UN FILET D'HUILE D'OLIVE & UNE BONNE DOSE DE **POIVRE FUMÉ**.

POUR LA GARNITURE

DÉTAILLER DES FLEURETS DE **CHOU-FLEUR** PUIS LES CUIRE (AU FOUR OU À LA VAPEUR) JUSQU'À CE QU'ILS SOIENT ASSEZ TENDRES. LES ASSAISONNER AVEC UN PEU D'**HUILE DE COLZA**, DE FLEUR DE SEL & DE **BALSAMIQUE**.

DANS UNE BELLE BAGUETTE

ÉTALER UNE GÉNÉREUSE COUCHE DE SAUCE AU GORGONZOLA. AJOUTER LE CHOU-FLEUR PUIS QUELQUES TRANCHES DE **JAMBON CRU**. FINIR PAR UNE POIGNÉE DE FEUILLES DE **ROQUETTE** FRAÎCHE & QUELQUES **NOISETTES** CONCASSÉES.

SAUCE GORGONZOLA, CHOU-FLEUR, JAMBON CRU, NOISETTES & ROQUETTE

INDEX DES RECETTES

SANDWICHS VÉGÉTARIENS

INDEX DES RECETTES

------------------------ BON APPÉTIT! ------------------------

33, RUE DU FAUBOURG MONTMARTRE
75009 PARIS
TÉL.: 01 48 05 03 03
FAX: 01 48 05 02 04
WWW.EDITIONS-ULMER.FR

RETROUVEZ-NOUS SUR FACEBOOK & INSTAGRAM

TOUS LES SANDWICHS DE CE LIVRE
ONT ÉTÉ CRÉÉS POUR LE RESTAURANT MIDI 37,
37, RUE LAFAYETTE, 31000 TOULOUSE
À DÉVORER ÉGALEMENT SUR INSTAGRAM MIDI.37

POLICE DE CARACTÈRES, MAQUETTE & RÉALISATION: CLARA VUCHER
RESPONSABLE ÉDITORIALE: RAPHAÈLE DORNIOL
IMPRESSION: PRINTER TRENTO, SRL
ISBN: 978-2-37922-249-8
N° D'ÉDITION: 249-01

DÉPÔT LÉGAL: JUIN 2022
IMPRIMÉ EN ITALIE

MIXTE
Papier issu de
sources responsables
FSC® C015829